Hrsg.: Martin Fieber · Hans H. Reinmöller · Thomas Richter

Die Seele

Der Schutzpatron

Hrsg.: Martin Fieber · Hans H. Reinmöller · Thomas Richter

Die Seele

Der Schutzpatron

Das Vermächtnis des
Medialen Friedenskreises Berlin
aus den Jahren 1956 - 1975

BERGKRISTALL

Die Deutsche Bibliothek - CIP Einheitsaufnahme
Ein Titeldatensatz für diese Publikation ist
bei der Deutschen Bibliothek erhältlich

Ungekürzte Ausgabe
Bergkristall Verlag GmbH, 32108 Bad Salzuflen
Schülerstraße 2-4
Tel.: 05222 / 92 34 51
Fax: 05222 / 92 34 52
email: Bergkristall.Verlag@t-online.de
www.BERGKRISTALL-VERLAG.de
1. Auflage, September 2001
Umschlag: Bergkristall Verlag
Satz: Bergkristall Verlag
Druck und Bindung: Druckerei Dröge, Bad Salzuflen
Printed in Germany
ISBN 3-935422-06-7

Welches ist der sicherste Weg zur Wahrheit?

Der sicherste Weg beginnt im eigenen Herzen. Gott kann für diese Aufgabe keine Feiglinge gebrauchen. Er braucht geistige Revolutionäre, die für ihn um die Wahrheit mit dem ganzen Einsatz von Seele und Leben kämpfen.

Wie lautet die bedeutendste Kernfrage, die von der Menschheit gestellt werden könnte?

Gibt es einen Gott oder nicht?
Gibt es ein geistiges Weiterleben oder nicht?

Die Seele

Der Schutzpatron

Inhaltsverzeichnis

Einleitung

Die Beschreibung 'eine Seele von Mensch' ist uns allen geläufig. Man verbindet damit in der Regel einen Menschen, der sehr liebevoll und gutmütig ist. Doch was steckt wirklich hinter dem Begriff 'Seele'?
Bekanntlich wird die Existenz der Seele des Menschen ebenso belächelt und von der Wissenschaft und Psychiatrie abgelehnt wie die Reinkarnation von den Institutionen. Doch beides, Seele und Reinkarnation, gehören unmittelbar zusammen.
Die Seele ist ein eigenständiges, entwickeltes Geschöpf Gottes. Doch nur ein Teil dieser Seele inkarniert. Alle Erfahrungen im Verlauf einer Inkarnation werden aufgezeichnet und nach dem irdischen Tod mit ins Geistige Reich genommen, dorthin, wo die Seele zuhause ist. Dem dort verbliebenen Hauptseelenteil, dem Hohen Selbst beziehungsweise dem Erinnerungsarchiv aller bisherigen Inkarnationen, werden die neuen Erfahrungen hinzugefügt. Somit wächst der Erfahrungsschatz der Gesamtseele von Inkarnation zu Inkarnation.
Für die Zeit der Inkarnation werden uns Geistwesen zur Seite gestellt. Man nennt sie 'Schutzpatrone'. Ganz deutlich wird hier von der Geistigen Welt davon berichtet, welch große Liebe diese Helfer uns schenken und was sie auf sich nehmen, manchmal sogar riskieren, um uns durch dieses Leben zu begleiten.
Das Wissen aus dem Dialog zwischen Diesseits und

Jenseits ermöglicht uns, befreiter und mutiger durchs Leben zu gehen und Gewißheit zu haben, nicht allein zu sein.
Erarbeitet hat dieses Material der Mediale Friedenskreis Berlin in den Jahren 1956 bis 1975 mit Hilfe von positiven autorisierten Geistwesen, die sich über zwei Schreibmedien mitteilten. Eine einfache Sprache - für jeden verständlich - charakterisiert den Dialog zwischen Diesseits und Jenseits.

...und vielleicht denken Sie beim Lesen ab und zu daran: Auch Sie sind eine Seele in einem Körper, um Erfahrungen zu sammeln. Sie haben einen persönlichen Schutzpatron, der Ihnen helfen und Sie beschützen möchte!

Wir wünschen Ihnen nun viel Freude beim Lesen.

Die Herausgeber

Die Seele

Ist es euch überhaupt recht, wenn wir diese Fragen stellen?

Es ist unser Wunsch, daß ihr Fragen stellt. Es macht uns Freude, denn wir möchten euch das Licht der anderen Welt bringen, nicht den Tod oder die Angst, sondern die Liebe, das Leben und das Vertrauen. Dabei sind wir immer bemüht, euch Verständnis entgegenzubringen. Ihr sollt nicht glauben, ihr wäret mit eurem Schicksal allein. Ein bißchen Fügung ist auch dabei.

Wo ist die Seele?

Es heißt: Der Himmel ist in uns! Wohlgemerkt, das soll nicht heißen, daß es woanders keinen Himmel gibt. Eigentlich ist 'Himmel' in diesem Falle nicht die richtige Bezeichnung. Wir sagen daher 'Sphäre'. Demnach ist es sehr traurig, daß die Kirche des Herrn so wenig Ahnung von diesem Himmel, von dieser Sphäre hat. Die Astronomie hat festgestellt, daß die Sterne im All kreisen und die Zwischenräume mit Staub, Gasen und Steinen ausgefüllt sind, die ebenfalls in gefährlicher Weise herumsausen oder als Sternschnuppen auf dem Weg zur Erde verglühen. Doch wenn ein Mensch stirbt, sich nicht mehr bewegt und seine unsichtbare Seelensubstanz freiläßt, da stellt ihr euch die Frage: Wo kann denn der Himmel, jene Sphäre nur sein? Wohin entschwebt die Seele? Diese Frage ist genauso einfältig, als wenn ein Unwissender fragt, wie es nur möglich sei, daß sich so viel Musik und so viele Gespräche in einem kleinen Radioapparat befinden? Der Kosmos hat Frequenzen, also Schwingungsebenen, so wie die eurige Welt Feuer, Wasser, Luft und Erde hat. Das sind die für euch sichtbaren Frequenzen, sichtbare Schwingungsebenen. Doch das Geistige Reich ist eine unvorstellbare Daseinswelt - das größte Reich im ganzen Universum. Dieses Reich ist von der Materie keinesfalls getrennt. Es besteht ein äußerst enger Kontakt zwischen diesen beiden Schöpfungsebenen. Die Wahrnehmung der geistigen Existenzen ist für euch überzeugend und reichhaltig genug. Leider macht ihr den großen Fehler, jede dieser Wahrnehmungen als krankhaft zu bezeichnen. Doch wenn sich ein angeblicher Künstler durch eine auffallend krankhafte Phantasie zu den größten Beleidigungen des guten Geschmacks hinreißen läßt, so findet ihr das ganz in Ordnung, ihr betrachtet ihn als 'Genie'. Eine Seele kann nur in jenes Reich gehen, das ihr wirkliches Zuhause ist. Ihr schaut auf die Toten. Ihr schaut in einen Toten hinein, doch ihr findet die Seele nicht. Habt ihr die Seele in einem lebenden Körper gefunden? Der Körper wurde bewegt, gewiß, aber das allein war nicht das Entscheidende. Eine Bewegung ist noch keine Seele. Eine Sprache wird erst dann verständlich, wenn eine Intelligenz, eine Persönlichkeit dahintersteckt, die sich euch mitteilt. Die Materie wird durch die Gesetze Gottes geleitet, doch der menschliche Körper durch eine göttliche Seele. Eine Materie kann weder sich selbst noch ihre Umwelt begreifen. Eine göttliche

Seele dagegen nimmt die Schöpfung wahr, auch dann, wenn sie die Materie als Mittler benutzt. Eure Ärzte und Lebensforscher wollen sich mit dieser Tatsache nicht zufrieden geben, sie sagen sich immer wieder: Könnte es nicht anders sein?
Der irdische Leib des Menschen - wie auch der Tiere - ist eine vollkommene Gleichung zur Seele, nur mit dem Unterschied, daß der Körper keine Empfindung ins Bewußtsein bringen kann, ohne daß die Seele in Tätigkeit tritt. Der Körper bringt alle Reize und Empfindungen als ein hochentwickeltes Aufnahme- und Leistungssystem in das Bewußtsein der Seele, die im Gegensatz zum Körper nicht aus materiellen Atomsystemen besteht, sondern aus einer immateriellen Energie. Sie steuert das Hirn als Zentrale des Körpers. Wenn ihr jedoch die Absicht habt, in einem lebenden Körper die Seele zu suchen, so ist das vergleichsweise so, als ob jemand in einem Radioapparat den Ansager sucht. Die Seele ist kosmisch und mit dem irdischen Körper durch eine individuelle Frequenz verbunden. Es sind die immateriellen Schwingungen.

Wie entsteht eine Seele?
Die Seele wird nicht geboren - sie stammt aus der Kraft Gottes! Eine Sonne gibt der organischen Materie die Kraft und das Licht zur planmäßigen Entwicklung. Diese erfolgt nach dem Gesetz der Kristallisation. Es reiht sich Atom für Atom zusammen, Molekül für Molekül, bis ein bestimmtes Gebilde entsteht. Der Plan

enthält die Information. Auch die Seele, ganz gleich ob bei Mensch oder Tier, wird nicht fertig geboren, sondern entsteht aus der Kraft Gottes, die wie eine Supersonne auf die geistigen Schwingungseinheiten wirkt. Auch die geistigen Atome und Moleküle reihen sich nach dem Gesetz der Kristallisation zusammen. Dieser Vorgang vollzieht sich allerdings viel langsamer als ein materieller Aufbauprozeß. Sprachlich ausgedrückt kristallisiert sich die Seele langsam nach dem Willen Gottes aus geistigen Atomen, die sich im ganzen All befinden. Nun ist eine Seele nach der Kristallisation nicht gleich völlig fertig. Sie besitzt zwar viele Fähigkeiten, aber ihr fehlt die Erfahrung, Erinnerung und Entwicklung. Ein solcher Prozeß dauert Äonen. Der Erdenmensch steht noch am Anfang seiner Entwicklung, obgleich er schon ganze Serien einer irdischen Entwicklung hinter sich hat. Was noch vor der menschlichen Entwicklung liegt, ist unvorstellbar - und wird noch eine Ewigkeit beanspruchen. Eine Begrenzung dieser Entwicklung ist nicht abzusehen. Wenn ich von der menschlichen Entwicklung spreche, meine ich nicht die fleischliche Entwicklung, sondern hauptsächlich die seelische Entwicklung, auf die es ankommt, weil die Seele unsterblich ist. Ich kann nicht begreifen, warum man den Fehler gemacht hat, die Reinkarnationslehre zu entfernen. Sie ist der wichtigste Faktor in der menschlichen Evolution. Gerade dieser wichtige Faktor macht das Leben überhaupt erst sinnvoll. Aus dieser Unkenntnis kommen viele Übel, zum Beispiel die Kriege. Ein Erdenmensch wird mit einer fertigen, vorentwickelten Seele am Tage der fleischlichen Geburt beseelt. Doch man glaubt irrtümlich, daß die Seele gleichzeitig mit der embryonalen Entwicklung in der Mutter entsteht, also überhaupt kein Vorleben gehabt hat. Das ist ein sehr großer Irrtum, denn jede Seele hat schon die Zeiten der Neandertaler erlebt. Die meisten Menschen haben schon auf allen Kontinenten der Erde gelebt und sind geistig von Stufe zu Stufe emporgestiegen. Die Fähigkeiten der Seele haben sich verbessert, der Charakter hat sich geformt, die Fähigkeit der Wissensaufnahme hat sich verstärkt. Menschen, die in ihrer geistigen Entwicklung zurückbleiben, werden wieder in untere Stufen reinkarniert! Doch zwischen diesen irdischen Reinkarnationen erlebt jede Seele den zeitweisen Aufenthalt in der Geistigen Welt. Die Dauer dieser Aufenthalte ist sehr unterschiedlich und hängt auch mit der Entwicklung und mit den Aufgaben beziehungsweise mit der Bereitschaft für diese zusammen. Die Seelen im Jenseits sind nicht von euch getrennt. Ihr könnt sie nur nicht so leicht mit euren Sinnen wahrnehmen. Die jenseitigen Seelen haben auf der Erde gelebt. Sie interessieren sich weiter für alle eure Probleme. Sie versuchen, euch zu unterstützen, aber es gibt auch viele Seelen, die an der Zerstörung mitwirken, so, wie sie es schon im Fleische getan haben! Es gibt keine Einigkeit, weder im Diesseits noch im Jenseits. Die Aufgabe besteht darin, eine Einigkeit zustande zu bringen!

Man liest öfter von den Begriffen: Geist, Seele, Astralkörper. Was kann man sich darunter vorstellen?
Der Hauptbegriff ist selbstverständlich die Seele. Unter der Seele verstehen wir eine Zusammenfassung des Geistes und des Astralkörpers, kurzum einen jenseitigen Menschen, der eine menschliche Gestalt hat. Die Seele beinhaltet das Bewußtsein, den Denkprozeß und die seelischen Gefühle, euer Empfinden. Diese Seele basiert auf kosmischen Bestandteilen. Sie besitzt eine Verbindung zu dem Erinnerungsarchiv, das sich im Kosmos befindet. Außerdem hat jede Seele einen individuellen Code, eine persönliche Frequenz. Der Geist ist ein Begriff für einen immateriellen Körper; er ist das Modell für den materiellen Körper. Der Geist ist das Bewußtsein, die Intelligenz, das Denken und alle Wahrnehmungen und die Gefühle. Doch der materielle Körper verändert sich im Laufe des Alterns und stimmt mit dem Modell dann nicht mehr überein. Aber nach der Entkörperung ist immer der Geistkörper entscheidend.
Der Astralkörper ist jene Beschaffenheit, die es der Seele ermöglicht, sich als Mensch zu fühlen und auch zu bewegen. Dieser Körper ist dem Erdenmenschen beziehungsweise dem materiellen Körper einverleibt. Beim Tode verläßt dieser den Körper, das Fleisch, und bleibt mit der Seele verbunden.

Der Mensch besitzt einen Astralleib, der ein Parallelstück zum stofflichen Körper ist. Wie groß ist dieser Astralleib?

Der Astralleib hat die gleiche Größe wie der materielle Körper. Doch der Astralleib kann sich etwas ausdehnen oder bis auf die Größe einer Milchflasche verkleinern. In dieser Größe wird er auch inkarniert.

Was gibt es für einen Unterschied zwischen der Seele und dem Astralleib?
Beides gehört zusammen und ist doch jedes für sich eine Einheit, so wie im Erdenleben Seele und Körper zusammengehören und trotzdem eine Einheit darstellen. Die Seele enthält das Bewußtsein und den Willen. Ein Astralleib besteht aus Teilchen, welche die Wissenschaft nicht kennt. Ein Astralleib fühlt und erkennt einen anderen Astralleib, ähnlich wie ihr euren materiellen Körper wahrnehmt. Der Astralkörper ist ein Parallelgebilde, das millimetergenau mit allen Fasern des materiellen Körpers übereinstimmt. Aus diesem Grunde lassen sich die Hirnspezialisten täuschen. Entfernt man jedoch ein Glied des materiellen Körpers, so bleibt der Astralteil bestehen und wird von der Seele immer noch wahrgenommen.

Wie können wir uns in der Zusammenarbeit zwischen Körper und Seele noch korrekter verhalten?
In dem ihr euch bewußt seid, daß das Empfinden auf der geistigen Ebene liegt, während das Gefühl zur materiellen Ebene gehört. Ihr müßt also mehr auf das Empfinden hören, als auf das Gefühl, das euch täuschen kann. Eine abgestumpfte Seele hat auch ein abge-

stumpftes Empfinden und kennt daher keine Liebe und kein Mitleid. Nehmen wir einmal ein Beispiel: Ein Arzt untersucht die Nerven eines Patienten und fügt diesem einen Schmerz zu. Die Nerven (Materie) fühlen diesen Schmerz und leiten diesen an die Seele weiter. Doch die Seele beschränkt sich nicht nur auf die Feststellung des Schmerzes, sondern sie empfindet ihn mit der seelischen Feststellung: Der Arzt hat dem Körper einen Schmerz zugefügt, den nicht er, sondern der gequälte Körper spürt. Damit ist ganz deutlich gesagt, daß die Nerven und die seelische Empfindung zwei getrennte Dinge sind, die nur zusammen arbeiten. Eine Sekretärin nimmt ein Diktat auf und liest es dem Chef vor. Damit kann nicht behauptet werden, daß die Sekretärin und der Chef eins sind, sie arbeiten nur sinnvoll zusammen.

Welchen Unterschied gibt es zwischen Geist und Seele?
Der Geist ist die Intelligenz. Die Seele ist das Herz, das Gefühl des Geistes. Hinzu kommt der Astralkörper, und damit kommt eine Trinität zustande. Der Astralkörper könnte bei sehr hoher Läuterung auf eigenen Wunsch abgelegt werden. Aber keine Seele tut das, weil Gott ebenfalls keinen Astralkörper hat. Jede Seele weiß, daß sie niemals an Gott heranreichen kann und daß es sehr anmaßend ist, sich mit Gott auf eine Stufe zu stellen. Im Reiche Gottes dominiert die Bescheidenheit.

Die Schwierigkeit in der Betrachtung der Seele liegt darin, daß wir die Seele nicht sehen, während ihr die

Seele und die Materie gut sehen könnt. Was können wir uns unter einer Seele vorstellen?
Die Seele hat viel Ähnlichkeit mit einem Gedanken. Sie ist da - und für euch doch nicht sichtbar, genau wie ein Gedanke. Eine jenseitige Seele hat die Funktion der Materie nicht mehr zu registrieren und zu überwachen. In eurem Falle darf der Wille der Seele nicht unterschätzt werden. Er legt der Materie einen Zwang auf. Wir haben die direkte Wahrnehmung, ihr die indirekte.

Hat die Seele eine individuelle Frequenz, einen Wellenbereich, auf dem die Gedanken arbeiten?
Jede Seele hat eine individuelle Schwingung, so, wie die Fingerabdrücke bei jedem Menschen verschieden sind. Bei jeder Inkarnation arbeitet die gleiche Seele auf einer besonderen Schwingungs-Skala mit verhältnismäßig geringer Abweichung. Daher kommt es fast bei jedem Menschen vor, daß er meint, eine ähnliche Situation von besonderer Art irgendwo schon einmal erlebt zu haben.

Ist die Seele an ein bestimmtes Organ gebunden?
Ja, an das Gehirn. Mit diesem steht die Seele durch das Blut in Verbindung. Das Hirn ist Empfangs- und Sendestation zugleich und steht außerdem noch mit dem Kosmos in Verbindung. Das Blut enthält Blutelektronen hochmagnetischer Art. Dadurch stoßen sich die Blutkörperchen gegenseitig ab.

Wo liegt das Bewußtseinszentrum der Seele?
Das Bewußtseinszentrum liegt im Kosmos, steht aber mit dem Hirn in enger Beziehung. Auf diese Weise erhält der Mensch den Eindruck, als ob sein Bewußtsein im Kopf sei. Aber ihr dürft nicht vergessen, daß zwischen Hirn und Bewußtsein sehr starke Wechselbeziehungen bestehen, die ständig ineinander greifen. Die Seele ist ein Teil des Zentralbewußtseins. Das Zentralbewußtsein ist Gott, daher ist immer ein göttlicher Teil in der Seele. Deshalb ist die Seele auch unsterblich. Sie entwickelt sich immer weiter.

Wo befindet sich im Menschen der göttliche Funke?
In seinem Empfinden zur göttlichen Wahrheit. Er ist seelisch in der Mitte der Seele verankert.

Kannst du uns den Unterschied zwischen Gefühl und Empfinden erklären?
Was ihr in eurem Reich wahrnehmt, das nehmt ihr mit der organischen Materie wahr, aber auch gleichzeitig mit der Seele. Die Materie erfühlt und leitet dieses Gefühl an die Seele, die es empfindet. Damit ist gesagt, daß die Seele das innere Empfinden ist. So kann es vorkommen, daß die Seele ganz etwas anderes empfindet als die Materie erfühlt hat, zum Beispiel bei Farbenblindheit, falsche Beurteilung von heiß und kalt und so weiter. Hieran könnt ihr deutlich erkennen, daß die Seele etwas Selbständiges ist, denn wenn der Körper krank ist, das heißt fehlerhaft arbeitet, so wird die Seele

falsch unterrichtet und empfindet anders als wirklich vorhanden. Euer Gefühl verläßt sich nicht auf die Seele. Wenn ihr eurem Empfinden nachgeht, kommt ihr in eurer Beurteilung zu ganz anderen Ergebnissen. Euer Körper trügt sehr oft, doch nicht eure Seele.

Was versteht ihr unter seelischer Fähigkeit?
Es ist die Fähigkeit, Eindrücke und Schwingungen zu empfangen, die jenseits dessen sind, was gewöhnlich Sterbliche durch die Kanäle ihrer fünf Sinne wahrnehmen. Du mußt würdigen, daß der Mensch kein Tier ist, dem als einziger Kontakt mit dem Universum nur seine fünf Sinne zur Verfügung steht. Diese fünf Fenster erlauben nur einen ganz kleinen Teil der universalen Tätigkeit. Sie setzen der Sicht eine Begrenzung entgegen. Der Mensch ist mehr als nur Materie. Er hat Sinn, Gemüt, Verstand, Geist. Es bestehen Schwingungen, die zum mentalen und spirituellen Leben gehören. Dazu kommt noch, daß es Schwingungen gibt, die dem übernatürlichen Leben gehören, dem Leben, das außerhalb der Erde liegt. Der Mensch kann die Schwingungen seines Lebens registrieren, aber auch die des größeren Seins, das eines Tages seine ewige Heimat sein wird.

Wird man auch technisch feststellen können, aus welchem Stoff die Seele besteht?
Nein, man wird nicht feststellen können, aus welchem Stoff die Seele besteht. Ebenso wird man nie herausbekommen, aus welchen Teilchen die Gedanken bestehen.

Der Mensch, wenn er auf Erden lebt, besteht aus einer Fusion. Dieser Begriff ist absolut richtig. Es ist ein großer Irrtum, wenn man annimmt, daß die Materie den Geist erzeugt. Nur durch die Fusion kommt beseeltes Leben hier auf der Erde zustande! Die Barriere, die sich hier aufgebaut hat, heißt Kirchendogma!

Wie können diese Barrieren weggeräumt werden?
Wenn man Irrtümer beseitigen will, denkt man zuerst an die Märchen, Fabeln und Sagen. Aber auf diese überholten Anschauungen zu verzichten, heißt doch nicht verzichten auf Gott, die Religiosität und den Glauben an das Göttliche! Selbst wenn man die falschen Bibelstellen in Betracht zieht, so enthält auch dieses Buch einen wahren Kern. Die Bibel ist ein uraltes Geschichtsbuch mit uralten Ansichten und Darstellungen. Sie heute bei weit größerem Wissen und Erkenntnissen noch mit einer uralten Brille zu lesen, die alles in uralten Gesichtspunkten wiedergibt, das muß ein vollkommen falsches Bild ergeben. Man muß selbstverständlich auch dieses Buch nach heutigen Gesichtspunkten beurteilen. Hier liegt der Fehler, den die Kirchen machen.

Ist die menschliche Seele verletzbar?
Ja, sie ist empfindlich, daher auch verletzbar. Aber man kann die Seele infolge ihrer Unsterblichkeit nicht ganz auslöschen. In vielen Jahren setzen sich die Teile einer zerrissenen Seele wieder langsam zusammen. Aber jahrelang kann ein seelischer Schaden zurückbleiben.

Die meisten Menschen können sich ein Weiterleben der Seele in einem geistigen Reich nicht vorstellen. Wie kann man dieses Weiterleben verständlich erklären?

Ihr müßt euch darüber im Klaren sein, daß es für den Erdenmenschen nicht nur ein Erdenleben gibt, sondern daß das Leben jedes Menschen ein universelles Leben ist, das in vielen Stufen und Formen aufgeteilt ist. Das Leben der Seele, die immer wieder reinkarniert wird, ist einer dauernden Schulung und Entwicklung unterworfen. Das Erdenleben ist eine der Stufen, aber mit dem besonderen Ziel der Läuterung, das heißt einer Erkenntnis der schöpferischen Macht Gottes. Selbstverständlich kehrt der Mensch aufgrund der Naturgesetze immer wieder in das große Zuhause zurück. Hin und wieder erhält der Mensch durch die göttliche Gnade ein Geschenk, nämlich einen zeitlich begrenzten Leihkörper, der ihm ein Leben in der Materie ermöglicht. Diesseits und Jenseits sind fest miteinander verbunden. Alles, was den Menschen betrifft, ist eine Art Co-Produktion, denn der Mensch wird vom Jenseits her geistig unterstützt und geführt oder verführt. Im Jenseits erscheint die materielle Welt transparent. Die Seelen im geistigen Reich können diese transparente Welt sehen, hingegen der inkarnierte Mensch das nur in ganz wenigen Ausnahmen kann. Wenn die Menschen sich das nicht recht vorstellen können, so liegt das daran, daß man versäumt hat, sich die Erfahrungen des Spiritualismus und der Medien anzueignen. Erfreulicherweise wird man inzwischen in dieser Beziehung aufgeschlossener und forscht mit mehr wissenschaftlichem Interesse. Es kann nur noch wenige Jahre dauern, und die Menschheit wird dieses Wissen akzeptieren. Dann aber kommt ein ungeheurer geistiger Umschwung, wie er auf dieser Welt noch nicht dagewesen ist. Eine sogenannte Pseudo-Wissenschaft hat es bisher fertiggebracht, die wichtigsten Tatsachen zu verdrehen und zu zerreden.

Wenn es so ist, dann kann die Bibel mit ihrer Erklärung von Adam und Eva nicht stimmen.

Die Darstellung von Adam und Eva überspringt ganz einfach die Entwicklung des Menschen. Er ist plötzlich über Nacht da. Doch die Entwicklung der menschlichen Seele ging dem materiellen Menschen schon sehr lange voraus. Der Mensch ist allerdings ein göttliches Wesen, das über dem Karma steht und folglich auch über der Reinkarnation. Es hängt also vom Erdenleben des Menschen ab, wie er sein Karma gestaltet und somit die Reinkarnation beeinflußt. Wer böse Pfeile abschießt, der erhält sie im Rahmen der Gerechtigkeit auch automatisch zurück. Das ist keine göttliche Rache, sondern ein göttliches Gesetz.

Welche grundsätzliche Ansicht haben Wissenschaftler und Dozenten von der menschlichen Seele?

Fast alle halten sich an die materialistische Philosophie und an die Mathematik. Sie betrachten die menschliche Seele als eine kollektive Universalseele, die als ein großes Volumen im Universum vorhanden ist. Das ist der größte Irrtum, den es gibt. Gott allein ist dieses Volumen, von dem die anderen Seelen stammen.

Gibt es Beweise für die Existenz einer Seele?
Die Wissenschaft hat eine Fakultät der Seelenforschung gegründet. Es handelt sich um das Gebiet der Psychologie. Doch leider vermuten die Psychologen die Seele in der Hirntätigkeit des Menschen. Somit erkennt man die Seele nicht als etwas Selbständiges an, sondern nur als eine Tätigkeit bestimmter Nervenzellen. Alles, was jedoch auf eine Sonderleistung der Seele hindeutet, verweist man ganz einfach in das menschliche Unterbewußtsein. Es ist somit ein Reservoir für alle unerklärlichen Vorgänge, deren Definition man auf alle Fälle umgehen möchte. Für jeden ernsthaften Geisteswissenschaftler ist es völlig klar, daß die Psychologie einen falschen Weg geht. Die Anerkennung einer selbständig lebensfähigen Seele führt nämlich zwangsläufig zum Theismus, also zu Gott! Da aber die Psychologie diese Beweisführung ablehnt, begnügt man sich mit dem Gegenteil einer solchen Beweisführung, nämlich mit jeder atheistischen Erklärung supernormaler Vorgänge im menschlichen Bewußtsein. Die besten Beweise einer Seelenexistenz liefern immer noch die unzivilisierten Naturvölker mit ihrem Geisterkult, der aber entstellt ist. Diese Völker sind medial und kennen das Jenseits aus Selbsterfahrung. Es gibt auch eine Fülle anderer Beweise, die man völlig falsch beurteilt hat, weil man die positive, das heißt wahrheitsnahe Beurteilung unter kei-

nen Umständen wünscht. Wir finden diese Beweise im täglichen Leben. Ich will euch deshalb ein solches Beispiel vor Augen führen: Die Suchtgifte und Genußgifte führen zu Vergiftungen, die je nach der Art ihrer Eigenheit die Verbindung zwischen Seele und Körper stufenartig lösen. Marihuana, Opium und Kokain sind Stoffe, die sehr lösend auf das Hirn wirken, denn das Hirn ist Vermittler zwischen Geist und Materie. Hanf und Haschisch sind ebenfalls Seelengifte. Diese führen einen Zustand herbei, der den Menschen mehr oder weniger vom Irdischen löst, ihn also dem Jenseitsleben näher bringt. Es ist eine Situation zwischen 'Leben und Tod', die zeitlich anhält, aber in den meisten Fällen durch den Körper überwunden wird, bis ein neuer Rauschzustand einsetzt. Im Rausch erleben die vergifteten Menschen Zustände, die ihnen allerlei Leben der 'Vierten Dimension' zeigen und erleben lassen. Das Gefühl des Schwebens, das Spiel der jenseitigen Lichtreflexe, aber auch die Fauna und Flora der jenseitigen Sphären werden wahrnehmbar und auch sichtbar.
Dieselbe Vergiftungserscheinung tritt auch bei Alkoholmißbrauch ein. Der Alkohol wirkt langsamer - aber er löst im schweren Rauschzustand ebenfalls die Seele so weit vom Hirn, daß die Sinne jenseitig erweitert werden. Das geschieht nicht ohne Kampf, der den unangenehmen Schwindel und die Gleichgewichtsstörungen hervorruft. Diesen Zustand nennt die Medizin 'Delirium Tremens', das heißt: Säuferwahnsinn! Die letzte Bezeichnung ist falsch, weil es kein Wahnsinn ist,

sondern ein Medialzustand auf Grund einer schweren Vergiftung. Der Säufer sieht plötzlich weiße Mäuse oder Käfer, weißes Ungeziefer oder auch weiße Menschen oder Zwerge. Er sieht zumeist nur die niederen Sphären auf Grund seiner niederen Einstellung und Entwicklung. Er sieht sie aber vorwiegend weiß, weil sie jenseitig sind und vom irdisch lebenden Menschen nur so gesehen werden können, wie alle Menschen die sogenannten 'Spukgeister' sehen. Die Materialisationen sind ebenfalls weiß, das Geisterfoto ist weiß. Alle diese Erscheinungen sind unabhängig gültig. Sie sind ein überzeugender Kardinal-Beweis für das Leben einer vierten Dimension. Man sollte mehr erforschen, als darüber spotten!

Wie ist der Stand der Seelenforschung?
Die Seele des Menschen ist ein sehr umstrittener Begriff. Weil die Seele nicht meßbar ist, wird sie nicht als etwas Ganzes angesehen. Alle Forschungen auf diesem Gebiet, soweit sie von der akademischen Wissenschaft betrieben werden, haben die Seele nicht als eine Person bestätigt. Aus diesem Grunde ist man zu der Überzeugung gekommen, daß die Seele einen Bewußtseinsprozeß im Hirn des Menschen darstellt. Folglich ist jeder Bewußtseinsprozeß, der sich im Hirn abspielt oder durch das Hirn hervorgebracht wird, der Sterblichkeit und Auflösung unterworfen. Daß es sich hier um einen wissenschaftlichen Irrtum handelt, beweist unsere Existenz, indem wir immer wieder versuchen,

uns zu beweisen.
Leider gibt es auch im Geistigen Reich unfähige Seelen, die sehr viel Schaden anrichten, indem sie unsere Bemühungen durchkreuzen oder durch ihre Dummheit in Verruf bringen. Die Wechselbeziehungen zwischen Körper und Geist sind so vielseitig und verzweigt, daß der Mensch sehr leicht getäuscht werden kann. Solche Täuschungen führen zur Ablehnung der Seele und verurteilen den Menschen zu einer minderwertigen Kreatur. Das Hirn des Menschen hinkt hinter dem Geist beziehungsweise hinter der Seele hinterher. Bevor ein Bewußtseinsprozeß das Hirn passiert, hat die Seele davon schon Kenntnis genommen. Das gesamte Erinnerungsarchiv eines Menschen befindet sich im Kosmos. Das Hirn peilt diesen Vorrat an und erhält Antwort. Das geschieht mit Überlichtgeschwindigkeit. Der gesamte Denk- und Wahrnehmungsprozeß eines Menschen spielt sich im Kosmos ab und teilt sich dann dem Hirn mit, das entsprechend reagiert. Wenn also das Hirn ausfällt, so ändert sich nichts am Vorhandensein der kosmischen Vorgänge, deren sich die Seele bedient. Es ist eine Tatsache, daß kein Bewußtseinsvorgang verloren geht. Selbst wenn sich ein Hirn nicht auf ein Ereignis einschalten kann, so ist es trotzdem aufgezeichnet.
Belanglose Begebenheiten können zum Beispiel mehr als fünfzig Jahre vergessen sein und plötzlich wieder auftauchen, weil der Peilvorgang diese Aufzeichnungen im Kosmos plötzlich streift. Im Jenseits können sich die Seelen viel besser an alles erinnern als im Erdenleben,

weil das Hirn ausgeschaltet ist. Überhaupt läuft der Bewußtseinsprozeß viel schneller und intensiver. Mit Recht spricht die Geisteswissenschaft von einer größeren Welt. Daher ist es nicht zu begreifen, daß diese superlative Welt, in die jeder Mensch einmal kommt, so wenig Interesse findet. Die irdische Hirnforschung befindet sich auf völlig falschen Wegen. Auch die Psychologie kann nicht zu objektiven Resultaten kommen, weil sie die Existenz der persönlichen Seele ablehnt. Ein lebender Mensch bringt die Seele nicht hervor. Die Seele ist schon vor der Geburt vorhanden und wird mit dem Körper im Moment der Geburt verbunden. Stirbt ein Mensch, so löst sich die Verbindung, aber am Kosmischen ändert sich nichts. Jeder ins Jenseits kommende Mensch hat seinen Verstand, seine Erinnerungen und sein gesamtes Bewußtseinsempfinden zur Verfügung. Seelenforschung muß richtig betrieben werden, wenn sie zu richtigen Resultaten gelangen will. Ihr könnt euch nicht vorstellen, wie wichtig dieses Gebiet ist. Für die Kriegsindustrie werden Milliarden ausgegeben. Für die Seelenforschung reicht es aber nicht hin oder her. Beklagt euch nicht über eure persönlich oder allgemein verfahrene Situation - ihr seid zu desinteressiert, wenn es um die ganz großen Wahrheiten geht!!!
Wissenschaftler scheuen keine Weltkatastrophen, aber um so mehr die Wahrheit über das Jenseitsleben!

Worin besteht die größte Täuschung, welche die Wissenschaft veranlaßt, um anzunehmen, daß die Seele das Produkt der organischen Materie sei?
Das kommt daher, weil der Erdenmensch das Gefühl hat, als ob sein Bewußtsein im irdischen Körper sei.
Das ist aber nicht der Fall, denn das Bewußtsein befindet sich tatsächlich außerhalb des Körpers. Der Effekt ist, als ob sich das Bewußtsein im menschlichen Körper befände. Weder im Astralleib, der für euch unsichtbar ist, noch im physischen Körper hat die Gesamtseele, das Hohe Selbst, ihren Sitz. Das Bewußtsein ist ein universaler Prozeß im All. Diese Schwingungen werden in den physischen Körper über die persönliche Frequenz hineingespiegelt, damit der inkarnierte Seelenteil Verbindung mit dem Erinnerungsarchiv hat. Das göttliche Bewußtsein, zu wissen, daß man ein eigenes Ich hat, dieses Gefühl bedarf keiner Sprache, keiner Erfahrung, es ist einfach immer da. Die Individualität, dieser Kern des Bewußtseins, sagen wir, die Persönlichkeit, ist kosmisch verankert und steht radiant mit dem zugewiesenen Körper laufend in Verbindung, ganz gleich, ob er nun astral oder physisch ist. Der Mensch ist auf Grund seines Bewußtseins göttlichen Ursprungs. Der physische Körper spielt nur eine untergeordnete Rolle zum Zwecke der Entwicklung. Doch dieser Körper wird von der Universitätswissenschaft irrtümlich überbewertet.
Trotzdem ist diese Sache ziemlich kompliziert, da es an geeigneten Worten fehlt. Die Seele kann sich aus eigener Kraft immer weiter entwickeln, sie stirbt nicht mit

dem Tode des physischen Körpers. Sie kann sich zum Guten, aber auch zum Bösen entwickeln. Das ist eine individuelle Angelegenheit jeder Seele.

Die Wissenschaft schreckt nicht davor zurück, einen menschlichen Kopf am Leben zu erhalten, wenn dieser durch Apparate versorgt wird. Was sagt Ihr dazu?
Aus ethischen und religiösen Gründen lehnen wir solche Experimente absolut ab. Selbst wenn der Sitz der Seele nicht im Hirn ist, so besteht doch eine Wechselbeziehung zwischen Seele und dem dazugehörenden Gehirn. Das Hirn ist genau auf die Frequenz der Seele eingestellt. Das ist der entscheidende Faktor, den die Wissenschaft nicht kennt. Das Gehirn als Computer, ebenso als Relaisstation, gibt der Seele die Möglichkeit, sich mitzuteilen. Diese Verbindung ist so stark, daß, solange sich das Gehirn in Funktion befindet, die Seele den Eindruck hat, sich im Gehirn zu befinden, ebenso wie ihr den Eindruck habt, in eurem Körper zu sein und hier zu sitzen, obgleich das Zentrum eurer Seele sich außerhalb eures Körpers befindet. Außerhalb des Körpers befindet sich der Seelenkern, das Hohe Selbst. Er ist die wichtigste Stelle des Menschen. Der Seelenkern enthält das Ich-Bewußtsein. Er bringt die Individualität der Person. Mit dieser Verbindung zum Seelenkern kommt der Mensch als Baby zur Welt. Später entwickelt sich dann eine Erinnerung. Es ist gar nicht so kompliziert, wie ihr vielleicht vermutet.

Es gibt doch sogenannte 'Wunderkinder'. Wie ist das möglich, daß diese Kinder übernormale Leistungen zeigen? Woher stammt ihr Können und ihr Wissen?
Die Menschen sagen 'Genie', aber sie trauen sich nicht an das Wort 'Geist' heran. Warum sollten sie auch darüber nachdenken? Die Kinder sind medial - sie werden direkt geführt oder inspiriert. Da die Kinderseele kein Erbe der Eltern ist, sondern fertig aus dem Geistigen Reich kommt, sind die Begabungen oft recht unterschiedlich. Unbegabte Eltern können begabte Kinder haben oder auch umgekehrt. Die Seele ist keine Eigenschaft, sondern etwas Feststehendes. Sie formt sich jedoch weiter nach ihrer Umgebung und nach eigener Willenskraft.

Man nimmt doch an, daß sich auch viele geistige Eigenschaften vererben. Wie ist das möglich, wenn die Seele schon vor der Geburt des Körpers existiert?
Die äußerlichen Merkmale haben nichts mit der Seele zu tun. Die Materie ist besonders heilig, wenn sie zur Beseelung bestimmt ist. Die Materie hat ihre eigenen Vererbungsgesetze, die nichts mit der Seele zu tun haben. Doch die Seele paßt sich der Materie an. Außerdem heißt das Geistige Gesetz: Gleiches zu Gleichem. Daher werden immer sehr ähnliche Charaktere und Talente bevorzugt, also solche Seelen, die den Eltern geistig ähnlich sind - sofern nicht eine Verdrängung vorliegt. Es handelt sich also um eine Angleichung, die sich auf eine ganze Sippe erstrecken

kann. Auch im Geistigen Reich halten die geistig ähnlichen Seelen und Gruppen zusammen.

In England hat man in spiritualistischen Kreisen die Frage aufgeworfen, auf welche Weise die Seele geboren wird. Man spricht von einem geistigen Kinderkriegen. Was sagt ihr dazu?
Die Seele stammt von Gott. Nur die Eltern geben erblich gewisse Charaktereigenschaften mit. Die Seele wird nicht geboren, sondern entwickelt sich im Kosmos und vervollkommnet sich im Laufe von vielen, vielen Inkarnationen. Jede Seele hat einen Teil zur Gestaltung der Erde beigetragen. Das Erdenleben einer Seele reicht unendlich weit zurück. Zwischen den Inkarnationen gibt es Zeiten, in denen die Seele auf der rein geistigen Frequenz existiert, bis sie Gelegenheit hat, sich zwecks weiterer Entwicklung zu inkarnieren. Die Seele ist ein Fragment des Bewußtseins Gottes und deshalb, ob sie es wahrhaben will oder nicht, mit Gott verbunden.

Sind die Neuschöpfungen der Seelen stets auf einem einheitlichen Niveau?
Dieses Niveau liegt so weit zurück, daß jeder Vergleich unmöglich ist. Talente lassen sich vererben, aber ein Genie entsteht aus der Individualität. Die Entwicklung ist bei jeder Seele verschieden.

Die Wissenschaft geht immer von einem Zeugungsprozeß aus. Bei der physischen Zeugung ist man der Sache

näher gekommen. Analog stellt man sich die Zeugung der Seele ähnlich vor. Hier sehen sie eine Lücke.
Sie suchen den Ursprung. Aber wenn es darum geht, den Ursprung des Ursprungs zu finden, kommt die Wissenschaft nicht mehr weiter. Man kommt zu dem Begriff Gott, und das will die Wissenschaft nicht wahrhaben. Es muß einen Anfang gegeben haben, das ist richtig. Aber am Schluß sagen sie sich: 'Wer hat den Anfang gemacht?' Und da sie nicht an Gott glauben wollen, fahren sie sich fest.

Wenn sich die Wissenschaft festfährt, so betrifft das in der Folge die ganze Menschheit. Ist das so?
Die Mehrzahl der Menschen ist zu labil, um den Dingen selbst auf den Grund zu gehen.

Wir haben von euch erfahren, daß sich die Information (DNA) millionenfach vervielfältigt. Ist der Vorgang der Vervielfältigung bei der Seele ähnlich wie bei der DNA?
Ja, diese Vervielfältigung der Seele liegt schon Äonen von Jahren zurück. Wie die Summe der Materie gleich die Summe der Energie ist, so ist die Umwandlung von Energie in Materie und von Materie in Energie ein fortlaufender Prozeß. Damit ist das Volumen immer ausgewogen. Ebenso ist die Anzahl der Seelen immer im rechten Verhältnis. Man muß das allerdings nicht irdisch, sondern kosmisch betrachten. Für die göttliche Seele gibt es keine Entfernungen. Mit Gott verbunden zu sein bedeutet weder Raum noch Zeit, so wie die Ge-

danken nicht mit Lichtjahren gemessen werden können. Der Gedanke ist gleich überall da, so ist es auch mit dem Ich-Bewußtsein. Es spielt dabei keine Rolle, wie weit oder wie nahe es mit eurem Körper verbunden ist. Euer Hirn hat sofort und konstant damit Verbindung, als wäre das Bewußtsein in euch. Es ist allerdings ein Gebiet, das sehr hoch ist. Es ist aber auch ein großer Irrtum, wenn die Wissenschaft annimmt, daß sich die Erinnerungs- oder Bewußtseinsengramme im Hirn befinden. Diese Theorie muß endlich aufgegeben werden. Sie steht der höheren Erkenntnis arg im Wege. Die Zukunft wird noch Worte hervorbringen, mit denen sich manches Geheimnis besser erklären lassen wird. Heute ist das noch nicht möglich, weil die Begriffe, beziehungsweise die Worte in euren Sprachen noch fehlen. Ein Beispiel: Ein Mensch aus dem 15. Jahrhundert hätte mit dem Wort 'Elektronik' nichts anfangen können.

Wieviele Fluidkörper hat der Mensch?
Die Anzahl ist unterschiedlich. Es richtet sich nach der entsprechenden Entwicklung des Menschen. Die Fluide sind weiß. Allerdings sind die Fluidkörper verschieden ausgeprägt, manche sind verkümmert. Darum fehlen manchen Menschen gute Eigenschaften.

Stimmt es, daß ein Jenseitiger keinen festen Körper hat?
Ein jenseitiger Körper hat entsprechende Konturen. Er ist abgegrenzt, hat also eine bestimmte Form. Aber die-

ser Fluidalkörper ist flexibel. Er kann sich sehr ausdehnen und auch sehr verkleinern. Er ist geschmeidig.

Gibt es im Jenseits körperlose Geistwesen?
Ja, aber es gibt in dieser Hinsicht nur ein solches Geistwesen - und das ist Gott. Aus diesem Grund ist Gott mit jedem Atom im ganzen All verbunden. Aus diesem Grund nimmt er alles wahr. Er ist das größte kosmische Bewußtsein.

Können jenseitige Seelen eine Art elektrischen Stromes erzeugen, der von uns wahrzunehmen ist?
Mit vereinten Kräften ist das durchaus möglich. Es kann sogar ein elektrischer Kurzschluß erzeugt werden, zum Beispiel durch eine Materialisation von Wasser in einer elektrischen Leitung. Auf diese Weise kann unter Umständen ein Menschenleben vor einem Stromtod bewahrt werden, wenn noch genügend Zeit vorhanden ist. Wir erzeugen Stromimpulse und lenken diesen durch unseren Willen.

Wie ist es einer Seele im Jenseits möglich, ihre Verwandten und Bekannten zu finden, falls sich dieselben auf einer anderen Stufe beziehungsweise in einer anderen Sphäre befinden?
Das im Jenseits gültige Gesetz, das die Sphären regelt, sieht vor, daß keine Seele in eine höhere Sphäre kann, in die sie nicht auf Grund ihrer Entwicklung hineingehört. Aber jede Seele kann in alle niederen Sphären hin-

absteigen und auch wieder aus ihnen heraus. Befindet sich ein Verwandter in einer niederen Sphäre, so kann die Seele, die sich auf einer höheren Ebene befindet, diese Seele besuchen, aber nicht umgekehrt. Doch wenn eine Seele aus Liebe betet, daß sie besucht werden möchte, so wird dieser Wunsch von dem Verwandten oder Freund auch in einer anderen Sphäre vernommen werden. Es liegt dann an ihm, ob er den Wunsch erfüllt, der von ihm oft ein Opfer verlangt, da der Aufenthalt in den niederen Sphären, je nach Stufe, nicht gerade angenehm, ja mitunter unerträglich ist.

Haben Farben Einfluß auf die Seele?
Ja, unbedingt. Jede Seele reagiert jedoch anders auf gewisse Farben. Es gibt harmonische und disharmonische Farben und ihre Zusammensetzungen. Wenn die Leute krank sind, sollen sie möglichst blau bevorzugen, auch grün ist vorteilhaft. Am besten ist es, wenn ihr euch selbst kontrolliert, welche Farben auf euch günstig und welche ungünstig wirken. Es gibt Farben, die beruhigen, und solche, die euch erregen. Es gibt sogar Farben, die eine einschläfernde Wirkung haben. Stellt selbst fest, welche Farben euren Intellekt fördern. Es ist bei jedem Menschen verschieden. Doch blau ist die günstigste Farbe für jeden, besonders für die Seele. Blaues und violettes Licht verstärken die geistige Tätigkeit. Doch zur Beruhigung nehmt ein zartblaues Licht, aber nicht zu hell.

Haben Räume einen Einfluß auf die Seele, zum Beispiel auf die Harmonie?
Ja, das ist sehr zu beachten. Es gibt Räume, die durch Geschehnisse verdorben sind. Sie müssen erst entstrahlt werden. Natürlich handelt es sich um geistige Strahlen. Überhaupt erzeugt eine negative Umgebung auch negative Gedanken, aus denen heraus dann oft schlechte Taten und Disharmonien folgen.

Trifft das auch für die abstrakten Bilder zu, wie man sie heute oft sieht?
Unbedingt. Darum sucht stets das Schöne und Positive. Die Harmonie der Seele hängt stark von der Harmonie der Umgebung ab. Aber auch die körperliche Gesundheit hängt mit dem Wohlbefinden der Seele engstens zusammen. In den nächsten Jahren werden sich die Städte sehr verändern. Es wird heller und gesünder gebaut werden. Die jetzige Menschheit befindet sich in einem Stadium der Vorentwicklung für die Neue Zeit.

Welchen Einfluß hat die Atmosphäre auf die Seele?
Ich verstehe darunter die Luft. Wenn die Luft schlecht ist - und dazu zählt auch die stickige Luft in Räumen, wo geraucht wird - so leidet nicht nur der physische Körper darunter, sondern auch der psychische.
Schlechte Luft macht krank, auch uns. In schlecht gelüfteten Räumen sind daher fast nur niedere Wesenheiten zu finden, die die Erdenmenschen negativ beeinflussen. Wir sind sehr geruchsempfindlich. Die Sphären

sind schon am Geruch zu unterscheiden. In höheren Sphären duftet es wunderbar, während es in den niederen Sphären bis zur Unerträglichkeit stinkt.

Begegnen wir unserem Dual auch auf Erden?
Jeder Mensch hat sein Dual. Doch es ist nicht immer so, daß der Erdenmensch seine Dualseele auf Erden findet. Es kann ebensogut sein, daß er ihr im Jenseits begegnet. Aber es gibt auch viele Seelen, die auf Erden ihrem Dual begegnen, es jedoch nicht erkennen und achtlos daran vorübergehen. Wenn sie sich aber begegnen und erkennen, daß sie zusammengehören, so kann es nur eine gemeinsame Entwicklung und ein gemeinsames Streben geben. Dabei kann eins nur bestimmend sein. Aber beiden wird die gleiche Zeit für ihre Fortentwicklung und Reife gegeben. Gott hat vorsorglich noch manche Gesetze geschaffen, die aber für die Menschen noch nicht in Kraft getreten sind. Das liegt an der geistigen Entwicklung, ob man sich danach sehnt, oder ob man sich selbst dahin entwickeln kann. Der Mensch wird seine Dualseele immer in der gleichen Sphäre treffen. Du wirst sie aber nicht Dual nennen, sondern eine von deinen besten Freunden. Alle Freunde im Jenseits sind Duale, dabei spielt das Geschlecht eine Rolle, wie im Diesseits.

Gibt es einen Hauptgrund, den man anführen kann für die Unzufriedenheit der jetzt lebenden Erdenmenschen?
Ja, unbedingt, nämlich die mangelnde Erkenntnis des

menschlichen Daseins. Man interessiert sich viel zu wenig für die unsterbliche Seele, woher sie kommt und wohin sie geht. Wenn man darüber genügend weiß, so hört automatisch jede Unzufriedenheit auf. Ohne die Grundkenntnisse über das Leben und seinen Sinn, über den Tod und was danach kommt, ist kein Erdenleben im göttlichen Sinn möglich. Es wird kein wirklicher Gott verehrt, sondern ein Pseudo-Gott, der Materie genannt wird. Die Seele ist nicht ein Fünkchen materiell, sie hatte noch nie etwas mit der Materie gemeinsam. Es bleibt sich gleich, auf welchem Planeten menschliches Leben vorkommt oder welche Formen oder Lebensbedingungen vorherrschen. Die Seele bleibt sich immer ähnlich, wo sie auch lebt und in Erscheinung tritt. Die Seele ist göttlich. Daran kann kein Wissenschaftler, kein Philosoph oder Staatsmann etwas ändern. Die Seele ist gerade wegen ihrer Göttlichkeit genausowenig meßbar, wie Gott meßbar ist.

Kann eine jenseitige Seele schadlos durch ein großes Feuer gehen, beziehungsweise sich darin aufhalten?
Ja, sie kann es, ohne dabei einen Schaden zu erleiden. Aber die Berührung mit Feuer ist sehr unangenehm und wird daher gemieden.

Wird die Technik die Seele aufspüren können?
Ich halte das durchaus für möglich, weil die Technik in den Mikrokosmos vorstößt.

DIE ENTWICKLUNG DER SEELE

Wie ist der Mensch überhaupt entstanden?

Der Mensch stammt weder vom Affen noch von irgendwelchen Urmenschen, wie ihr sie vielleicht nennen mögt, ab. Es waren Seelen, welche von Gott zur Einverleibung in einen Urmenschen auf die Erde geschickt wurden. Diese Seelen hatten höhere Intelligenz und Kunst sowie Kulturverständnis, als ihr es überhaupt annehmen könnt. Die Erde wird von organisierten Lebewesen seit ca. 1,5 Millionen Jahren belebt, von beseelten Menschen seit etwa 800.000 Jahren.

Hinsichtlich der Entstehung des Menschen ist man sich noch ziemlich im Unklaren. Stammt der Mensch wirklich nicht von Adam und Eva ab?

Die Wissenschaft ist immer der Meinung, daß der heutige Mensch vielleicht doch vom Affen abstammt. Viele Theorien werden aufgestellt, und es gibt ein Hin und Her. Man behauptet, der Mensch sei seinem äußeren Gehabe nach dem Affen sehr ähnlich. Doch das ist ein Irrtum. Der Mensch ist tatsächlich eine Schöpfung Gottes.

Er soll die Vollendung der Schöpfung darstellen, aber auch die ganze Schöpfung des Herrn erkennen und würdigen können. Doch dieses erfordert selbstverständlich verschiedene Entwicklungsstufen, denn nichts ist sofort vollendet. Der Mensch war in seiner Vorstufe seiner Entwicklung grobstofflich, disharmonisch und primitiv.

Er war primitiv in seinem Aussehen, aber dafür hatte ihm Gott geistige Voraussetzungen mitgegeben. Diese halfen ihm, sich auf der Erde zurecht zu finden. Es ist ein Fehler, wenn man den Menschen die Geschichte von Adam und Eva erzählt. Es war keine sogenannte Todsünde vollbracht worden, so daß der Schöpfer zwei Menschen aus einem Paradies vertreiben mußte. Es war sein Wille, nach dem Vorbild auf anderen Planeten auch auf diesem Stern hochentwickeltes Leben zu erwirken. Doch so etwas geschieht nicht von heute auf morgen. Dafür ist die Entstehung des Erdballes sowie der Pflanzen und so weiter viel zu langwierig. Ein jeder Schritt muß gut überlegt werden. Die ganze Entwicklung ist geistig aufgezeichnet. Nach diesem Plan werden die göttlichen Gesetze geschaffen. Nach den göttlichen Gesetzen entsteht jedoch dann das Leben. Es stimmt wohl, daß der Neandertaler mit zu den ersten Menschen gehörte. Es stimmt auch, daß die Urtiere aus der Urwelt existierten. Aber ist es euch auch klar, warum es auf diesem Stern eine Eiszeit gab?

Kannst Du uns mehr darüber sagen?
Eine Entwicklungsperiode war abgeschlossen, und eine neue sollte beginne. Der Herr mußte einen Schlußstrich ziehen, um den Plan zu verwirklichen. Der Mensch war ihm zu primitiv. Er konnte im Rahmen der Urwelt seine geistigen Fähigkeiten nicht entwickeln, denn dazu war er nicht feinstofflich genug. Das Unkraut wuchs zu hoch und die Tiere hatten riesenhafte Ausmaße. Es war

nicht das, was Gott gefiel. Der Unterschied zwischen Mensch und Tier war zu groß. Dazu kreiste die Erde anders um die Sonne. Durch eine Korrektur des Umlaufes wurde schlagartig die ganze Lebenssituation auf der Erde in neue Bahnen gelenkt. Das ganze Weltbild wurde verschoben. Wo früher Wüsten oder Sümpfe waren, da habt ihr heute die schönsten Urlaubsorte. Die Entwicklung in der Geschichte dieses Planeten ist auch noch lange nicht abgeschlossen.

War der Mensch bei seinem ersten Auftreten auf dieser Erde nicht mit einer menschlichen Seele ausgestattet?
Nein, er war zuerst ein grobstoffliches Wesen. Erst im Laufe von Jahrtausenden veredelten sich die Rassen, und erst in einem letzten Zeitabschnitt, da der menschliche Körper etwas feinstofflicher geworden ist, wurde dieser mit einer menschlichen Seele aus dem Geistigen Reich verzahnt. Es gibt also einen Tag der ersten Inkarnation der menschlichen Seele, trotzdem der menschliche Körper schon lange vor dieser Mensch-Inkarnation bestand. Der Menschenseele ist keine Tierseele in dem Sinn vorausgegangen, daß sich die Menschenseele etwa aus einer Tierseele heraus entwickelt hat. Die Tierseele, welche den grobstofflichen Menschenleib in der Vorstufe beseelt, wurde zu einem gegebenen Zeitpunkt durch die wirkliche Menschenseele bei der Geburt abgelöst. Von diesem Zeitpunkt an erfolgten dann laufend die menschlichen Inkarnationen, später auch die Reinkarnationen.

Es gibt viele Menschen, die sich nicht um eine Verbesserung ihrer Seele kümmern, weil sie glauben, daß eine solche Mühe nicht lohnt. Was sagst Du dazu?
Das ist eine enorme Unwissenheit. Jede kleine Mühe wird anerkannt und auch belohnt. In vielen Fällen ernten diese Menschen, die sich bemühen, den Lohn schon auf Erden. Doch im Geistigen Reich wird nichts übersehen. Außerdem sind die Möglichkeiten einer Belohnung dort viel besser, als auf Erden. Man wird zwar immer mit der Unterwelt zu kämpfen haben, aber man darf sich nicht einschüchtern lassen. Man muß zuversichtlich und mutig sein.

Kannst Du uns etwas über Gruppenseelen sagen?
Die menschliche Seele steht in der Schöpfung am höchsten, je nach Grad der persönlichen Entwicklung. Der Mensch ist völlig individuell, er gehört keiner Gruppenseele an und ist auch nicht aus einer solchen hervorgegangen. Der Embryo des Menschen weist zwar eine gewisse Fischähnlichkeit auf, hat aber nichts mit dieser Entwicklung zu tun. Die Individualität der menschlichen Seele wird durch die Art des Bewußtseins bestimmt. Kein Tier hat diese Bewußtseinsgaben, wie sie der Mensch besitzt, daher ist er auch in der Lage, eine technische und wissenschaftliche Entwicklung zu fördern und daran teilzunehmen. Ganz anders ist es bei den Tieren. Zwar gibt es auch hier im Bewußtsein der Tiere gewisse Ähnlichkeiten mit dem Menschen. Aber dennoch besteht immer ein gewaltiger Unterschied,

allein schon in dem eigenen Bewußtsein von Gut und Böse. Einige Tierarten gehören zu gewissen Gruppenseelen. Es sind meist jene Tierarten, die niederer Entwicklung sind und nicht höhersteigen. Ganz besonders trifft dies bei den Fischen zu. Die Fische gehören noch nicht einmal sphärenmäßig in die Bereiche der göttlichen Aufstiegssphären. Sie sind extra zur Erhaltung organischen Lebens geschaffen. Ein Fisch besitzt die schnellste, das heißt die kürzeste Reinkarnationsmöglichkeit von allen Tieren. Die Fischseele ist nicht individuell, sondern sie ist in einem gewaltigen Lebensvolumen vereinigt. Daher streut der Fisch in seiner Erhaltung gewaltige Mengen Rogen aus, um die Nachkommenschaft zu erhalten, denn sie dient in endloser Folge der Erhaltung des allgemeinen organischen Lebens. Allein diese Tatsache der ungeheuren Vermehrung deutet auf die Gruppenseele hin und erklärt auch den Sinn einer derartigen Daseinsfülle. Das Sterben des Fisches ist ein Vorgang, der im Schöpfungsplan genau vorgesehen ist. Dieses Sterben hat nichts mit der Seele zu tun, da der Fisch über keine Individualseele verfügt. Eine Fischseele bleibt nach dem Sterben ohne Bewußtsein bis zur Reinkarnation. Seine Seele ist nur ein Teilchen des Gesamtvolumens. Das Verhalten der Fische zeigt auch keine Individualitätsmerkmale. Ein Fisch verhält sich in allen Situationen genauso wie ein anderer. Ein Unterschied besteht nur in den fischähnlichen Säugetieren, denn sie gehören nicht zur Gruppenseele. Es ist jedoch nicht angebracht, junge

Fische zu töten, trotzdem die jungen Fische von den größeren vertilgt werden. Ebenso gehören die Hühner und viele andere Vögel zu den Gruppenseelen. Diese sollten als Jungtiere möglichst geschont werden. Sie gehören aber keinesfalls zur planmäßigen Grundnahrung des Menschen. Trotzdem die Fische zur Gruppenseele und somit zur Hauptnahrung zählen, dürfen sie nicht gequält werden, denn sie sind trotzdem schmerzempfindlich. Ihr natürlicher Tod tritt auch mit dem Entzug ihres Elementes ein. Ein solcher Tod ist kein Töten.

Haben Tiere auch eine Seele?
Selbstverständlich, aber jede Tierseele hat eine ganz bestimmte Entwicklungsstufe. Bei den Pflanzen handelt es sich nur um ein ganz bestimmtes Nervenzentrum. Tiere haben ein Bewußtsein, doch Pflanzen nicht.

Kann sich eine menschliche Seele aus einer tierischen Seele entwickeln, wie es der Buddhismus annimmt?
Das ist ein großer Irrtum. So etwas ist ganz unmöglich. Wer so etwas behauptet, muß selbst ein buddhistischer Anhänger sein. Allerdings gibt es Menschen und Seelen, die den Tieren manchmal ähnlich sind. Es liegt an der tierischen Einstellung der Seele, am Triebhaften.

Hat die Seele ihre Entwicklung völlig frei in der Hand?
Jede Seele ist völlig frei. Jede Seele kann sich durch eigene Kraft entwickeln - und sie kann keinen anderen dafür verantwortlich machen als nur sich selbst. Die

Seele ist natürlich allen möglichen Einflüssen ausgesetzt. Aber durch diese Bewährung erhält sie ihren Charakter und reift dabei aus. Das Erdenleben ist die höhere Schule der Seele, sie muß allen Anforderungen gerecht werden. Es kommt immer auf den Willen an, der auf das Gute gerichtet werden muß.

Gibt es viele Seelen, die gar nicht nach 'oben' wollen?
Ja, da habt ihr nicht so unrecht. Die liebe Gewohnheit und das Phlegma tragen ihr übriges dazu bei.

Was ist das höchste Ziel, das eine Seele erreichen kann?
Die absolute Freiheit neben Gott. Auf Erden wird diese Freiheit leider nicht erstrebt, sondern die Vollautomatisierung des Menschen.

Hat jede Seele die gleichen Voraussetzungen zu einer Höherentwicklung?
Jede Seele hat die gleiche Möglichkeit zu einer Aufnahmefähigkeit. Doch das Wollen ist völlig frei. Das zielstrebige Wollen kann diese oder jene Richtung einschlagen. Es kommt auf den richtigen Weg an, der beschritten wird. Hieraus ergibt sich, warum die eine Seele mehr vollbringt als die andere. Der freie Wille macht die Individualität der Seele aus. Die meisten Menschen vergessen leider, daß sich Uneigennützigkeit auch bezahlt macht. Das erkennen die meisten Menschen erst, wenn sie zu uns ins Geistige Reich kommen und es zu spät ist. Die Erdenmenschen glauben immer,

sie kämen auf der Erde zu kurz, wenn sie nur an andere, statt an sich denken. Sie werden alt dabei und haben schließlich alles versäumt. Irrtum! Mit dem Tod ist das Leben noch lange nicht zu Ende. Hier hat der Mensch noch ungeahnte Möglichkeiten, das Leben so zu genießen, wie es sich kein Erdenmensch vorstellen kann!

Wie kann eine Seele zurückfallen?
Eine Seele kann sehr weit zurückfallen, wenn sie über mehrere Inkarnationen durch einen schlechten Willen immer negativ ausgerichtet war. Eine ewige Verdammnis, wie sie von den Kirchen gelehrt wird, gibt es nicht! Aber eine zeitliche Verdammnis ist möglich.

Kann die menschliche Seele an der Aura in Bezug auf die geistige Entwicklung erkannt werden?
Ja, das ist durchaus der Fall. Ihr könnt euch merken: Lichtboten strahlen eine blaue Aura aus, besonders über dem Kopf. Diese Aura hat einen gelben Rand. Lichtträger leuchten Orange. Schlechte, das heißt kranke Seelen leuchten auch, aber ohne Kopfaura. Das Medium hier hat zum Beispiel in der Aura einen dunkelblauen Fleck in der Herzgegend, woran wir sofort erkennen, daß es ein göttlich geschütztes Medium ist. Doch Objektivität kann auf Erden niemals voll erlangt werden. Nur als Geist ist das möglich. Wir kennen bei uns in unserem Reiche keine schlechten Seelen, denn es gibt nur kranke und unwissende oder verirrte Seelen, außer denen, die bereits im Licht sind. Nichts ist unbrauchbar.

Es lohnt sich immer, auch bei den allerschlimmsten Fällen. Wir geben niemals die Hoffnung auf. Gott stärkt uns in allen Fällen, sofern wir fest an ihn glauben. Wer neu in unser Reich kommt, der findet sich zunächst nicht allein zurecht, darum muß ihm geholfen werden. Wir müssen ihn führen, sonst irrt er umher. Sehr schlimm ist es mit jenen, die nicht sehen können. Das sind jene Seelen, welche auf Erden keine Nächstenliebe kannten, sondern nur sich selbst liebten.

Gibt es äußere, das heißt körperliche Merkmale, an denen wir die Art einer Seele erkennen können?
Ja, das Auge wird nicht zu Unrecht als Spiegelbild der Seele bezeichnet. Das Auge zeigt deutlich das Positive und auch das Negative der Seele und spricht auch ohne Worte. Die Farbe spielt keine Rolle, aber ein Blick!

Was könnt ihr uns über den Seelenspiegel sagen?
Seelenspiegel der irdischen Menschen sind die Augen. Ihr könnt das an einem Experiment feststellen. Voraussetzung ist, daß ihr einen geübten Blick habt und sensitiv genug seid, richtig urteilen zu können. Nehmt das Porträtbild eines Bekannten oder meinetwegen auch eines Fremden und seht euch sein ganzes Gesicht an. Fragt euch dabei, was es euch sagt. Dann deckt alle Partien ab und betrachtet nur die Augen und fragt euch wieder: Was sagen mir die Augen? Dann deckt auch die Augen ab und betrachtet den Mund. Stimmt euer Urteil über den Augenausdruck nicht mit dem Ausdruck des

Mundes überein, so habt ihr das Porträt eines unharmonischen, unausgeglichenen Menschen vor euch. Seid aber vorsichtig in eurem Urteil!

Können sich jenseitige Seelen verstellen oder anders ausgeben, als sie wirklich sind?
Das können sie eben nicht. Dazu sind sie nicht fähig! Und das ist der große Unterschied zwischen den inkarnierten Seelen und den jenseitigen Seelen. Nur in der Materie ist eine Seele fähig, sich anders zu geben, als sie wirklich ist. Das ist eine Möglichkeit, von der nur der auf der Erde lebende Mensch Gebrauch machen kann. Im Jenseits gibt sich jede Seele in allen Situationen so, wie sie wirklich ist. Das schlechte Gewissen ist das Empfinden der Seele. Die Intelligenz ist keine Eigenschaft des Hirns, sie ist eine kosmische Eigenschaft.

Ist die Aura, die die Seele umgibt, ihr ewiges Kleid?
Ja, die Aura umgibt die Seele. Sie ist jedoch nicht das ewige Kleid, sondern eine Art 'Heiligenschein'. Nach Größe der Aura kann man die Aura beurteilen, sogar auf Kilometer, ob sie gut oder durchschnittlich ist. Schlechte Seelen gibt es nicht, nur verwirrte.

Wir verstehen unter Grob- und Feinstofflichkeit eine schlechtere oder bessere Seele. Ist das nicht so?
Ein feinstofflicher Mensch kann voll von Gift sein. Meistens ziehen sich Gegensätze an, das heißt, grobstofflich fühlt sich zu feinstofflich hingezogen. Dadurch

ist noch kein Schaden entstanden. Im Gegenteil, sie haben sich gegenseitig ergänzt. Die Meinung, daß ein feinstofflicher Mensch gefühlsreicher ist, stimmt nicht. Das ist eine Angelegenheit der Mentalität, hat aber nichts direkt mit der Seele zu tun.

Können wir durch eine bestimmte Lebensweise feinstofflich werden?
Nein. Die Fein- oder Grobstofflichkeit ist wie ein Kleid, das getragen werden muß, so wie es geschneidert ist.

Hat es dann überhaupt einen Sinn, nach der Feinstofflichkeit zu trachten?
Nein, absolut nicht. Im Grunde ist es ein grober Fehler. Wer sich einbildet, daß er dann sensibler als ein Grobstofflicher ist, der ist überheblich. Die Feinstofflichkeit ist beim Menschen für die Aufhebung der Schwerkraft nützlich. Darum sind die Santiner dazu in der Lage, denn sie sind fast alle feinstofflicher - aber auf Grund des Heimatplaneten.

Gibt es einen gültigen Maßstab für eine Feinstofflichkeit oder eine Grobstofflichkeit?
Nein, es ist völlig verschieden. Entscheidend ist nur das Gute im Menschen. Alles andere ist Nebensache. Vergeßt dabei nicht die in der Materie vorhandene Erbmasse. Sie ist nicht zu unterschätzen, denn sie beträgt bis zu neunzig Prozent. Diese spielt dabei die allerwichtigste Rolle, denn sie vererbt dem Menschen die Fein-

stofflichkeit oder die Grobstofflichkeit. Die Erbanlagen des materiellen Körpers können sich der Seele haargenau anpassen. Diese Anpassung erfolgt nach dem Gesetz 'Gleiches zu Gleichem'.
Ein Gesetz Gottes reiht sich an das andere an. Daraus ergibt sich die Schöpfung!

Was wird vererbt? Sind es die physikalischen Elemente oder sind es geistige Elemente?
Es sind vorwiegend die physikalischen Elemente. Wenn man vom Gehirn ausgeht, so hat diese Beschaffenheit selbstverständlich einen Einfluß auf den Charakter. Der beste Autofahrer kann mit einem schlechten Auto nicht viel anfangen.

Kann der Körper für die Seele eine Gefahr sein?
Ja. Kannst du mit einem schlechten Werkzeug eine gute Arbeit leisten? Es gibt Ausnahmen, aber die wenigsten sind dazu fähig.

Welches Erbgut ist für unsere Entwicklung besonders schädlich?
Der Sadismus. Unter den Erdenmenschen wird er vererbt, sonst gäbe es keine Kriege.

Was kann man dagegen tun?
Um einen schlechten Menschen zu verstehen, muß man psychologisch geschult sein, daß man den schwachen Punkt genau herausfindet. Wenn man das erkannt hat,

muß die positive Behandlung einsetzen. Ein solcher negativer Punkt hängt meistens mit einem Komplex zusammen.

Hat die Erziehung Einfluß auf die menschliche Seele?
Ja, unbedingt. Doch die Seele hat die Möglichkeit, das Gute und das Böse in einer Erziehung zu unterscheiden. Es kommt darauf an, nach welcher Seite man sich angezogen fühlt. Eine Erziehung ist nicht nur gut, sie kann auch negativ sein. Wenn die menschliche Seele von Anfang an nur die Wahrheit erfährt, so entwickelt sie sich positiv. Es kommt aber ganz darauf an, wie dem Menschen die Wahrheit gereicht wird. Eine schlechte und unwahre Erziehung bringt eine schlechte Generation hervor. Das Erbe wirkt immer wie eine Kettenreaktion. Ebenso ist es mit einer guten Erziehung. Sie wirkt wie in einer Kettenreaktion. Ein schwaches Glied in der Kette bringt sie zum Reißen.

Wie weiß die Seele, daß sie eine hohe Stufe erreicht hat?
Das weiß sie aufgrund ihrer langen Erfahrung beziehungsweise durch Kenntnis ihrer vielen Vorstufen, die alle unterschiedlich sind. Eine im Jenseits lebende Seele hat einen Überblick über viele gelebte Erdenleben, sie kann daher urteilen und kennt ihr Niveau. Wenn das nicht der Fall wäre, würde die Seele viele Jahre umsonst gelebt haben. Das ist aber niemals der Fall, auch nicht bei unterentwickelten Seelen.

Kann die Seele durch Menschen erzogen werden?
Ja, die Seele kann durchaus positiv erzogen werden, aber das liegt an dem guten Willen der Seele. Wo der Wille fehlt, ist absolut nichts zu machen.

Dann muß bei der Erziehung des Menschen das Schwergewicht auf die Wahrheit gelegt werden?
Es muß auf die Aufnahmefähigkeit des Individuums Rücksicht genommen werden. In der Schule fehlt noch der richtige Moralunterricht. Das ist nicht allein Aufgabe der Eltern. Es muß im Lehrplan verankert sein, daß die Jugend lernt, was moralisch oder unmoralisch ist. Die Böswilligen, die den Unterricht stören, sollten schon spätestens nach einem Jahr ihres böswilligen Treibens in eine Sonderklasse für Böswillige gebracht werden. In dieser Klasse müssen alle Mittel zur Besserung angewendet werden. Den Eltern muß in diesen Fällen die Erziehungsgewalt genommen werden.

Kann man die Persönlichkeit eines Menschen grundlegend verändern?
Ja, das wäre durch eine Hirnoperation möglich. Aber eine derartige Operation ist selbst bei weiter entwickelten Menschheiten auf anderen Planeten sehr gewagt, sie ist gefährlich. Es ist eine Reparatur des Werkzeuges, wenn das Werkzeug nicht in Ordnung ist.

Welche Umstände hindern den Menschen am meisten an seiner Höherentwicklung?

Es ist der ständige Kampf mit der Zeit. Im Gegensatz zu unserer Einstellung glaubt ihr, für eure Interessen zu wenig Zeit zur Verfügung zu haben. Das kommt daher, weil ihr nicht an das bewußte Weiterleben nach dem Tode glaubt. Außerdem sind wir der Ansicht, daß es sich dabei um die Selbstsucht handelt. Physikalisch hat der Mensch sein geistiges und seelisches Wachstum leider überholt, denn dieses konnte mit der materiellen Entwicklung nicht Schritt halten. Dadurch entstanden die schrecklichen Resultate der Selbstsucht, die eine große Gewohnheitssünde eurer Welt ist. Sie brachte es mit sich, daß der Mensch nicht in Frieden leben, daß er sich der Früchte seines eigenen Seins nicht erfreuen kann, so lange es keinen Fortschritt auf mentaler und spiritueller Ebene gibt. Die Entfaltung muß auch auf diesem Gebiete in Erscheinung treten und durch ihren Glanz das materiell Erreichte überstrahlen. So lange das nicht erreicht ist, muß Chaos, Unordnung und Disharmonie herrschen. Nur die Erweiterung des Gemütes und des Geistes wird alles läutern und alles Geschehen in die Richtung der Zusammenarbeit des Dienstes weisen. Die Erschließung des Gemütes und des Geistes wird die Selbstsucht zunichte machen. Erst nach der Entfaltung der seelischen und geistigen Gaben, wenn der physikalische Fortschritt nicht mehr zum eigentlichen Nutzen gebraucht, sondern in den Dienst der Allgemeinheit gestellt ist, wird das Paradies auf Erden sein. Eine Gabe, die dem anderen hilft, besitzt - ohne Ausnahme - jeder auf der Welt.

Warum gibt es auf unserer Erde so viele Rassen, wenn die Seele die primäre Rolle spielt?
Es handelt sich um angepaßte Entwicklungsstufen. Aber die weiße Rasse soll sich nicht überheblich zeigen. Gerade durch das Gegenteil beweist sie erst, daß sie reifer und fortgeschrittener ist. Leider ist das nur in seltenen Ausnahmen der Fall. Die Vorliebe für kriegerisches Verhalten zeigt, daß die weiße Rasse die höchsten Erkenntnisse versäumt hat. Die falschen Religionen haben auch die weißen Menschen auf einen falschen Weg gebracht. Jedenfalls wird jene Rasse zur geistigen Reife kommen, die zuerst eine objektive Religion haben wird, nach der sich diese Rasse richten kann. Aber alle Rassen haben ihre bestimmte Bedeutung. Doch ihr alle sollt geprüft werden, ob es euch auf die Materie, auf die Form, auf die Farbe ankommt, oder nur auf die Qualität der Seele. Die Rassen sind von Gott besonders für die Erde geschaffen worden und haben auch ihre Schönheiten, wie auch ihre Kehrseiten. Doch ihr sollt beweisen, wieweit ihr euch gegenseitig als Menschen schätzt. In vielen Fällen werden die Rassen, wie auch wir, verhöhnt.

Worauf beruht die Antipathie, die wir gegen andere Rassen und Völker zeigen?
Der Mensch ist zu sehr von sich eingenommen und zu leicht gekränkt. Er verlangt all das von anderen, was er selbst nicht schaffen und erfüllen kann. Daraus bildet sich die Antipathie, die zunehmend zur Weltbesorgnis

führt.

Welche Rasse hat denn die geistige Reife?
Die weiße Rasse hat wohl die geistige Reife, auch wenn sie unterschiedlich ausgeprägt ist. Aber die weiße Rasse hat bereits in früheren Daseinsstufen viele farbige Rassen erlebt. Die weiße Rasse soll jedoch allen anderen Rassen als Vorbild dienen. Der Heilsplan Gottes hat diese Aufgabe der weißen Rasse zugedacht. Diese Stufe muß unbedingt erreicht werrden. Das kann nur über einen Weltfrieden geschehen, den die weiße Rasse zustande bringt. Weiter ist es Gottes Wille, daß der Mensch in weiter Zukunft der Eurasier ist. bis zu dieser Entwicklung wird es noch ein weiter Weg sein. Aber dieser Weg wird beschritten werden. Es war ein großes Experiment der göttlichen Schöpfung, so viel Rassen auf einem Planeten nebeneinander leben zu lassen. Ich darf hinzufügen, daß in dieser Weise die Erde im Universum tatsächlich einmalig ist. So ein menschliches Farbengemisch ist auf den abgekühlten Sternen im ganzen Universum nicht weiter anzutreffen. Eigentlich sollte jedoch Einigkeit und gleiches Recht für alle Menschen bestehen.

Was ist des Menschen endliche, das heißt letztliche Bestimmung nach dem Zyklus des Lebens?
Von einem Ende ist mir nichts bekannt. Mit Anfängen und Beendigungen kann ich nicht dienen. Das Leben und der Fortschritt sind unendlich. Kreisläufe haben

weder Anfang noch Ende. Gott ist ewig, und der Mensch ist es auch.

IRRENDE UND KRANKE SEELEN

Kann eine Seele erkranken?

Man weiß, daß der Körper einer Pflege bedarf. Auch die Seele bedarf einer solchen Pflege, doch nicht mit Kamm, Bürste, Wasser oder Seife. Die Seele braucht, um gesund zu sein, Rhythmus und Harmonie. Das heißt, sie muß mit den harmonischen, göttlichen Schwingungen des Alls in gleichem Rhythmus sein. Sehr leicht kann die Seele aus diesem Kontakt kommen. Wenn die Seele aus der göttlichen Harmonie ausbricht, so wird sie unweigerlich krank und verzweifelt. Schon im Erdenleben darf man so einen Zustand nicht leicht nehmen, denn er wirkt tödlich! Im Jenseits gibt es keine Gefahr, die tödlich wirken kann. Aber eine seelische Krankheit ist schon sehr schlimm, noch weit schlimmer ist eine jenseitig lebende kranke Seele. Es wird auch von den Wissenden oft angenommen, daß einer Seele im Jenseits nichts passieren kann. Das ist ein ganz großer Irrtum, denn der Seele kann viel Schlimmeres passieren, wenn sie im Jenseits ist, als im irdischen Leben. Auf Erden hat sie durch den Körper, der viele Funktionen übernimmt, einen gewissen Schutz. Doch wenn diese Schutzhülle nicht mehr da ist und bereits wieder zu Staub wird, dann muß die Seele alles selbst erleben und damit fertig werden. Es ist eine große Belastung, ein solches Doppelleben zu führen, denn die Seele lebt ja einmal mitten unter euch und ist an eurem Leben mit allen Sinnen voll beteiligt. Außerdem führt sie noch das Geistige Leben, das ihr so manches Wunder erschließt. Wie oft muß eine Seele im Jenseits erst erkennen, daß gerade die angeblich besten Freunde zu den größten Schurken zählen, und wie oft, daß zwei, die sich lieben, heimlich einem anderen Menschen die größere Liebe schenken. Wie oft tritt erst dann zu Tage, daß man den wirklichen Freund verkannt und gehaßt hat. Alles, aber auch alles, sieht von der Warte des Jenseitslebens ganz anders aus - und die ganze Menschenkenntnis ist dahin. Diese großen Enttäuschungen führen zu einem seelischen Schock, der sehr schwere Krankheit bedeutet. Darum seid vorsichtig in Gedanken und Gesprächen, wenn ihr über einen Heimgegangenen redet - denn es bleibt ihm nichts verborgen. Zu seinem Jenseitsleid kommen sonst noch viele traurige Enttäuschungen hinzu - und es könnte sein, daß diese Seele verzweifelt und in der Unwissenheit noch tiefer in das Dunkel gerät. Was die jenseitigen Seelen wirklich brauchen, ist viel Liebe und weniger Blumen. Schenkt diese Blumen den auf Erden Lebenden, sie werden sich daran erfreuen. Doch im Jenseits haben sie weniger Bedeutung als ihr annehmt. Sie werden zumeist des Kultes wegen gegeben - oft ohne Herz und nur, um die Aufmerksamkeit der lebenden Nachbarn zu wecken. Im Reiche Gottes leben viele kranke Seelen, mehr als im irdischen Dasein. Die liebenden Helfer im Reiche Gottes bemühen sich um diese kranken Seelen, aber oft ist diese Hilfe wirkungslos, weil es noch Verwandte und Bekannte im Erdenleben gibt, die alle jenseitigen Bemühungen zerstören. Böse Ge-

danken, Gespräche und Taten rufen in der heimgegangenen Seele große Schmerzen hervor. Wer schon einmal richtigen Liebeskummer, Heimweh oder Angst um ein sterbendes Kind gehabt hat, der weiß es in etwa. Es sind Qualen seelischer Art, die jede Sekunde zur Stunde werden lassen. So ähnlich sind die Schmerzen einer Seele im Jenseits, nur noch weit schlimmer. Doch die schlimmsten Schmerzen, die eine Seele im Jenseits aushalten muß, sind die Selbstvorwürfe, die sich auf das erkenntnislose Erdendasein beziehen. Wie leicht steigt in solchen Seelen der Haß auf, weil sie auf Erden nicht richtig belehrt worden sind.
In ihrer Verzweiflung hassen sie dann die lebende Erdenmenschheit und versuchen in irgend einer Weise Rache zu üben. - Ich bitte euch in aller Liebe des Erlösers, seid nicht leichtsinnig in euren Vermutungen und Betrachtungen. Das Reich Gottes ist unendlich vielseitig und von unvorstellbarer Macht und Größe.

Kannst Du uns etwas über irrende Seelen sagen?
Eine jenseitige Seele ist keinesfalls ein sogenanntes jenseitiges Gespenst oder Einbildung, sondern eine organische Wesenheit mit Haut und Haaren. Wenn mediale Menschen eine Seele mit geistigen Augen als ein schleierhaftes Gebilde sehen, so liegt das an der Unvollkommenheit des geistigen Sehens oder an einer schlechten Materialisation. Auch ein materiell organisches Auge kann infolge mangelhafter Sehkraft die materielle Welt nur nebelhaft oder verzerrt wahrneh-

men, obwohl diese äußerst real ist. Infolge der Unvollkommenheit der Sehkraft des geistigen Auges berichten entkörperte Seelen oft genug von einem ‘Nebelland’. Das geistige Auge öffnet sich erst, wenn die Seele einen gewissen positiven Reichtum erlangt hat. Möchte jemand von euch blind sein? Ich glaube, der Gedanke versetzt euch in Schrecken. Möchte jemand von euch taub sein? Ich brauche eure Antwort nicht erst abzuwarten. Also weiter. Im Jenseits leben Milliarden Seelen, welche das eine oder andere Gebrechen dieser Art haben und schwer darunter leiden. Diese Seelen jammern beispiellos und verfluchen Gott, weil er diese selbstverschuldete Grausamkeit zuläßt. Auf diese Weise verschlimmert sich ihr Zustand zusehends. Wir können ihnen dann kaum helfen.Was haben diese Seelen verbrochen, daß es ihnen so schlimm ergeht? Mit einem Wort gesagt, sie waren gottlos und lebten so, wie es ihnen Spaß machte. Doch ihr eigener Spaß war nicht immer der Spaß für die anderen. Diese Seelen können nicht zum Arzt laufen, der ihnen beim schlechten Sehen eine Brille verschreibt. Diese Seelen irren tatsächlich auf einer sehr großen Ebene umher. Ihr einziger Arzt, der ihnen helfen kann, ist einzig und allein die bessere Einsicht. Im Reiche Gottes, im Jenseits, irren viele Seelen umher, die geistig blind sind und daher mehr oder weniger in einer Finsternis leben. Diese Seelen brauchen die Liebe der Verwandten und Freunde, auch wenn diese noch auf Erden leben. Durch Gebete kann sehr viel geholfen werden, nicht dadurch, daß ihr ihnen

Blumen auf die Friedhöfe bringt. Ein ehrliches und stilles Gebet vor eurem Einschlafen ist für sie eine große Hilfe. Die irrenden Seelen im Jenseits leiden darunter, daß die Erdenmenschen keinen rechten Glauben an die Liebe Gottes haben und daß sie nicht an ein Weiterleben nach dem Tod glauben. Es ist eine große Stärkung und ein guter Trost für die jenseitigen Seelen, wenn sie durch Gebete ihrer Freunde erfahren, daß ihre Angehörigen einen solchen Glauben haben. Es enthebt sie der großen Sorge um die Wahrheit. Sie können sich dann besser um das geistige Wohlergehen ihres eigenen Ichs kümmern und die erdgebundenen Sphären verlassen.

Kannst du uns erklären, warum im Jenseits die Seelen so schwer gebessert werden können, warum sie so schwer Belehrung finden?
Es gibt im Jenseits keine Entschuldigung dafür, warum eine Seele, die Zugang zu guten Lehren hatte, dieses einfach ignorierte oder wegstieß, weil man zu bequem war, sich zu ändern und diese drei Dinge zu erfüllen: Den Nächsten zu achten, zu lieben und ihm zu helfen. Nur diese drei Dinge sind der Schlüssel zum Himmelreich beziehungsweise zu den besseren Sphären. Wer sie erfüllt, lebt in der Gnade Gottes.

Gibt es in den Sphären auch Blinde, da manche medial begabte Maler bei den Darstellungen die Pupillen fortgelassen haben, wenn sie Verlorene malten?

Nein, aber es gibt Selbstgeblendete durch ihre Überheblichkeit und Anmaßung. Es gibt aber auch desinteressierte Seelen, welche die Dunkelheit lieben. Diese brauchen sehr viel Zeit für ihre Entwicklung. Sie werden daher auch nicht so bald reinkarniert.

Muß eine negative Seele auf einem anderen Planeten geläutert werden, oder kann sie im Geistigen Reich gebessert werden?
Eine negative Seele wird immer nach den Motiven beurteilt. Es kann sein, daß dieses Urteil im Geistigen Reich ganz anders ausfällt, als die Erdenmenschen ahnen. Es gibt im Geistigen Reich eine Region, die schlimmer ist, als die schlechtesten Slums auf Erden. Hier sind die Negativen vereint. Sie haben keine Möglichkeit, daß ihnen zur Läuterung verholfen wird. Erst wenn sie in eine Selbsterkenntnis übergehen, zeigt sich ihnen ein Licht. Widerspenstige können natürlich zwangsinkarniert werden. Sie können auf einem Läuterungsplaneten wiedergeboren werden, dessen Niveau weit unter dem des Planeten Erde steht. Jedenfalls ist es immer besser, wenn sich der Mensch bereits auf Erden läutert. Aber wenn der Mensch Gott leugnet, kann er nicht erwarten, daß ihm göttliche Helfer beistehen. Das betrifft besonders den persönlichen Schutzpatron, der dem Menschen beigeordnet ist, das heißt, man kann ihn auch verlieren - und dann ist der Mensch ein Spielball der Dämonie, sagen wir ein Spielball des Teufels.

Können menschliche Seelen aufgrund ihres Verhaltens im Jenseits ein tierisches Aussehen annehmen?
Das gibt es nicht.

Wir wurden darum gebeten, euch die Frage vorzulegen, wie Irrlichter entstehen und was sie wirklich sind?
Bei den Irrlichtern handelt es sich um erdgebunde Seelen. Es gibt so viele davon, wie ihr euch gar nicht vorstellen könnt. Diese Seelen versuchen sich zu materialisieren, wozu ihnen das Moor einen guten Stoff gibt. Es gibt aber auch Seelen, welche hell leuchten, um den anderen Seelen einen Weg zu zeigen. Mitunter handelt es sich um Seelen, die im Moor ein Verbrechen begangen haben oder einem solchen zum Opfer gefallen sind. Die irrlichternden Seelen bevorzugen das Moor, weil sie dort auch besser von der übrigen Erdsphäre abgeschlossen sind. Die Sphäre in den Mooren ist dunkel, sie entspricht ganz den dortigen Seelen.

Besteht die Gefahr, daß ein Erdenmensch durch die irrlichternde Seelen überfallen wird?
Ja, sofern diese Menschen eine geistige Tür offen halten. Wer am Bösen gefallen findet, wird überfallen.

Was sind solche geistige Türen?
Es sind unselige Leidenschaften und Charakterzüge, zum Beispiel Haß, Machtgier, Geltungsbedürfnis, Neid, Egoismus, Sadismus, sowie alle Manien, Wahnvorstellungen, Fanatismus und so weiter. Für alle diese ne-

gativen Eigenschaften ist der Mensch ganz persönlich verantwortlich. Er zieht damit sehr leicht jenseitige Seelen an, die nicht besser, sondern noch schlechter sind. Hier wird der negative Mensch von einem unsichtbaren Unheil bedroht, das er leider nicht ahnt oder kennt. Diese unseligen Eigenschaften gehören zur Individualität der Seele und werden darum auch in unserem Reiche bestraft. Vor dieser Strafe rettet euch kein Glaube.

Die Menschheit nimmt ständig zu. Kann es vorkommen, daß es an reinkarnationsfähigen Seelen fehlt?
Das halte ich für ausgeschlossen, denn es stehen zu viele Seelen auf der Warteliste. Aber die Qualität läßt zu wünschen übrig. Das Niveau kann sich weiter verschlechtern.

Man sieht oft Menschen mit sehr schönen Körpern, die aber auch einen schlechten Geist und einen minderwertigen Charakter haben. Umgekehrt auch. Nun heißt es aber, daß der Geist den Körper formt. Wie kommt es dann zu solchen Gegensätzen?
Der Böse formt, ohne es verhindern zu können, durch seinen schlechten Charakter seinen Leib. Es spielt dabei keine Rolle, ob dieser astral oder aus Fleisch ist. Tatsache bleibt, daß er eine Ausgeburt an Häßlichkeit ist, woran er selbst die Schuld trägt. Nun aber, in diesem Zustand, beneidet er die Schönheiten anderer. Was liegt also näher, als sich an die Seelen schöner Leiber heran-

zumachen, um sie zu beeinflussen, damit sie seinesgleichen werden. Weiß er doch, daß Gott dem Menschen freie Willensbestimmung gegeben hat. Weiß er doch, daß häßliche Menschen nicht umsonst häßlich sind, auch wenn sie sich später bessern und alle Mühe geben. Gott belohnt ebenso gute Taten mit einem schönen Leib, wie auch umgekehrt. Die Auswirkung vollzieht sich nicht nur in einem Erdenleben. Ob schöne oder häßliche Menschen, dieser Planet Erde zählt trotzdem zu den schönsten Sternen im ganzen Universum. Er ist jedoch ein Läuterungsplanet. Eure Welt könnte ein Paradies sein. - Es liegt an euch!

Welche Merkmale machen schlechte Seelen erkennbar?
Wir verwenden nicht den Ausdruck ‘schlechte Seele’. Wir kennen in diesem Sinne nur ‘kranke’ Seelen, für die wir Verständnis und Bedauern haben.

Welche Merkmale weisen auf eine kranke Seele hin?
Eine solche Seele äußert sich schon von Kindheit an in einer Zerstörungswut. Sie ist krank, weil sie zu sich selber nicht gut ist. Leider stößt eine solche Seele wenig auf Verständnis, so daß ihr unglücklicher Zustand noch verschlimmert wird.

Wie kommt es dazu, daß eine Seele krank wird?
Der Mangel an Nächstenliebe kann dazu führen. Dieser Mangel an Liebe kann weit zurückliegen. Er kann in früheren Inkarnationen zu Disharmonien geführt haben.

Kann Gott eine extrem kranke Seele auflösen?
Nein. Eine Seele hat sich in Äonen entwickelt, sie hat sämtliche Erfahrungen der Fauna und Flora in sich vereint und besitzt göttliche Funktionen. Eine Seele kann nie aufgelöst werden, denn sie ist unsterblich! Wenn eine Seele ihre Unsterblichkeit verlieren würde, dann könnte das auch mit Gott geschehen. Aber da gibt es ja, wie ihr wißt, die Reinkarnation. Negative Seelen werden reinkarniert und müssen ein Karma auf sich nehmen, das ihnen genau angepaßt ist. Gott ist der Inbegriff der Gerechtigkeit!

Die vielen Nervenerkrankungen nehmen laufend zu. Jeder schimpft auf seine Nerven. Was ist da zu tun?
Ich weiß, aber die Nerven werden viel zu oft zu Unrecht beschuldigt. Sehr oft ist es jedoch die Disharmonie, die Unausgeglichenheit der Seele. Nervenkrankheiten hängen meistens mit der inneren Unzufriedenheit zusammmen. Man muß sich selbst etwas unterstützen, indem man das Negative meidet und das Positive erkennt. Man darf seine Zeit nicht mit Nebensächlichkeiten verschwenden, weil diese fast immer Ärger einbringen. Außerdem ist die große Umstellung auf das Wassermann-Zeitalter im Gange. Diese Umstellung erfaßt zunächst die Kinder und die Jugendlichen, denn da versucht sich das verdrängte Negative zuerst festzuhalten. Es ist der verzweifelte Abbruch einer alten Zeit. Nur wer diesen geistigen Vorgang kennt, weiß dem Kampf richtig zu begegnen.

Kein Mensch und keine Seele tut etwas ohne Nutzen. Kannst du uns sagen, welchen Nutzen die negativen Seelen haben, daß sie so haßerfüllt als Foppgeister und Plagegeister auftreten?
Das fragen wir uns auch. Aber das kann nur ein negativer Mensch verstehen, denn einen Nutzen kann es in diesem Fall überhaupt nicht geben, da sie sich nur selber schaden. Es ist ein Nichtwollen, und das zieht einen Mangel an Erkenntnis nach sich.

Woran liegt es, daß zum Beispiel Männer weibliche Eigenschaften zeigen?
Das ist hauptsächlich eine Sache der Hormone. Umgekehrt ist es auch so. Doch die Seele läßt sich treiben und leistet gegen diese Eigenschaften keinen Widerstand. Das ist ein Fehler. Die Seele öffnet im Gegenteil absichtlich alle Türen. Dafür gibt es keine Entschuldigung, denn die Seele kann sich gegen den Einfluß der Hormone wehren, wenn sie nur will. Diese Menschen machen den Fehler, daß sie ihre Veranlagung fördern, statt sie zu bekämpfen.

Im Jahre 1920 hat man in Yorkshire fünf mal Feen und Zwerge fotografiert. Kann das wiederholt werden?
Auch das waren Materialisationen, die geographisch und klimatisch unterstützt wurden. In England gibt es viel Od durch den Golfstrom. Dort sind Manifestationen eher möglich. Daher gibt es auch dort viele Spukphänomene.

Haben die jenseitigen Seelen etwas mit den Zwergen und Elfen gemeinsam?
Die Seelen können sich in ihrer Größe stark verändern. Zwerge und Elfen gehören jedoch zu den Naturgeistern. Es kommt ganz auf die Intelligenz und auf ihre Aufgaben an beziehungsweise wozu sie gehören. Eine menschliche Normalseele muß sich vor der Reinkarnation entsprechend verkleinern.

Der katholische Glaube spricht von einem Fegefeuer. Gibt es das Fegefeuer oder einen derartigen Zustand?
Die Seele geht durch kein Fegefeuer - sie muß diese Reinigung und. Läuterung durch auferlegte Missionsarbeiten erreichen.

Welcher Art sind diese jenseitigen Missionen?
Sie bestehen in der Hilfe an kranken Seelen und irdischen Menschen. Auch kommt eine Betreuung von Erdenmenschen in Betracht - sie müssen richtig und fürsorglich geführt werden. Jenseitige Seelen müssen auch die positive Kraft sammeln, um das Positive zu fördern. Gerade jetzt ist die Zeit der Vorbereitungen für große Überzeugungsphänomene. Hier haben die Seelen Gelegenheit, sich zu bewähren Sie haben Gelegenheit, durch diese Missionen zu beweisen, daß sie das Gute wollen. Das ist für sie nicht immer leicht, mitunter sehr schwer. - In Kürze wird ein Wunder, wie ihr sagt, geschehen. Wir sagen zu einem Wunder: Zusammenballung der positiven Kraft. Das Wunder wird euch

hochrütteln. Die Konzentration erfordert die ganze Kraft, denn die Schwingung muß einheitlich sein. Nur eine völlig einheitliche Frequenz der geistigen Kraft bringt ein Phänomen hervor. Viele, viele Seelen müssen sich auf das positive Ziel konzentrieren und dürfen sich durch keine anderen Gedanken ablenken lassen. Eine solche Massenkonzentration ist eine Mikroabstimmung.

Es gibt Gegenden, in denen es besonders unheimlich spukt. Gibt es für solche Seelen keine Erlösung?
Es gibt für jede Seele eine Möglichkeit der Erlösung, denn Gott ist weder nachtragend noch rachsüchtig oder grausam. Jede Erlösung hängt ganz vom eigenen Willen einer Seele ab. Sie kann nicht erlöst werden, wenn sie es selbst nicht will. Jede Seele muß an sich arbeiten, im Jenseits und auch im Diesseits. Die Erlösung soll ja schon im Diesseits ihren Anfang nehmen. Jene Spukgeister wollen meistens nicht an sich arbeiten, sondern erschrecken lieber die Menschen zu ihrem eigenen Vergnügen. Darum erscheinen sie auch in einem weißen Laken, weil sie gut wissen, daß das seine Wirkung nicht verfehlt.

GEFAHREN UND SCHUTZ FÜR DIE SEELE

Kann durch eine Bluttransfusion der Charakter eines Menschen verändert werden, zum Beispiel wenn er das Blut eines negativen oder unsozialen Menschen in sich aufnimmt?

Dieser Fehler wird auch durch die Geistige Welt ins Auge gefaßt. Der persönliche Schutzpatron hat dann die Aufgabe, eine solche Veränderung abzuschwächen. Das ist eine große Aufgabe! Es ist ein großer Unterschied, ob die Einflüsse von einem einzigen Menschen herrühren oder von vielen. Der einzelne Mensch hat einen viel stärkeren Einfluß, denn es ist ähnlich wie bei einem Radioempfang. Hört man alle Sender auf einmal, so versteht man gar nichts, doch ein einzelner Sender ist gut zu verstehen. Die Einflüsse, die von außen her auf einen Menschen eindringen, sind gefährlicher als bei einer Bluttransfusion. Wie oft sind große Massen versammelt? Diese Fülle hat kaum einen Einfluß auf einen einzelnen Menschen. Doch viel gefährlicher ist der geistige Einfluß, der in einem Raum von einer einzelnen Seele auf einen einzelnen Menschen übergeht. Doch wenn es gelingt, eine Massenversammlung zu einem einzigen Gedanken zu veranlassen, so ist die Wirkung ungeheuer.

Werde bei einer Bluttransfusion mit dem fremden Blut auch fremde seelische Eigenschaften übertragen?

Das Blut ist sehr individuell. Es enthält außerdem das

Od, jene Strahlkraft, die geistige Eigenschaften trägt. Selbstverständlich können seelische Eigenschaften übertragen werden. In dieser Weise kann über das Od auch eine geistige Eigenschaft über ein Schmuckstück übertragen werden, wenn es sehr lange am Körper getragen worden ist. Wenn eine Bluttransfusion mehrmals stattfindet, so daß es sich um verschiedenes Blut handelt, auch wenn es von der gleichen Blutgruppe ist, so verwischen sich die geistigen Elemente, die im Od enthalten sind. So wie ein Tonband die Laute aufnimmt und speichert, so nimmt das Od ebenfalls die geistigen Schwingungen auf. Trotzdem ist die Blutübertragung ein sehr bedeutsamer Fortschritt in der Medizin.

Haben elektrische Kurzwellen Einfluß auf die Seele?
Mitunter einen sehr guten Einfluß. Sie erleichtern die Seele, machen von manchem Ballast frei, das heißt sie reinigen. Doch schlechte Luft hat einen sehr schlechten Einfluß, besonders auf die Seele. Wir, im Jenseits, sind sehr geruchsempfindlich.

Was können wir uns unter der 'Seligkeit' vorstellen?
Die Seligkeit ist ein Glücksgefühl. Man kann es nur erreichen, wenn man eine totale Freiheit besitzt. Unentwickelte Seelen haben eine Beschränkung dieser Freiheit, je nach dem Grad ihrer geistigen Entwicklung. Ein höherentwickelter Geist wird seine Freiheit niemals mißbrauchen, sondern sie richtig anwenden. Bei niederen Geistern ist das leider nicht der Fall. Der Freiheit

muß man würdig sein, man muß sie sich verdient haben. Jeder Mensch, der auf Erden rechtschaffen war, hat Freiheit in ausreichendem Maß. Das bedeutet Seligkeit.

Die Parapsychologie wendet auch hin und wieder Drogen an, um in das Seelenleben tiefer hineinzudringen. Was sagst du zu diesen Experimenten? Können sie etwas beweisen?
Bei allen Drogenexperimenten wird das Hirn nur minimal in Anspruch genommen. Das meiste kommt aus der Astralwelt. Man spricht jedoch von Halluzinationen, indem man glaubt, daß sich alles im Hirn abspielt. Diesen Irrtum wird man auch mit keinem Drogenexperiment beseitigen. Das spirituelle Experiment ist hier im Vorteil.

Es wird hin und wieder ein Phänomen beschrieben, daß jemand sich selbst begegnet. Goethe hat dies auch behauptet. Wie ist dieses Phänomen zu erklären?
Bei diesem Doppelgänger-Phänomen handelt es sich um eine Spaltung. Es ist eine echte Bewußtseinsspaltung, denn ein Teil der Seele sondert sich für Sekunden vom Körper ab und nimmt Gestalt an. Doch kommt es immer wieder zu einer sofortigen Verschmelzung der Seele zu ihrer ganzen Einheit. Ihr bezeichnet diesen Doppelgänger als ein Phantom. Bei dieser Seelenspaltung oder Bewußtseinsspaltung spaltet sich die Seele nur in zwei gleiche Teile, niemals in zwei verschiedene Persönlichkeiten.

Es gibt Menschen, die durch allerlei Übungen versuchen, ihre Seele vom Körper zu trennen. Was hältst du von diesen Experimenten?
Wir lehnen sie bedingt ab. Wenn der Mensch eine hohe geistige Entwicklung erreicht hat, so mag er diese Versuche unternehmen. Aber in den meisten Fällen sind die Menschen dazu noch nicht reif. Sie glauben zwar, daß sie die Reife haben, aber das ist Selbstüberschätzung. In diesen Fällen können diese Versuche sehr gefährlich werden.

Kann es sich im Falle der umstrittenen Zarentochter Anastasia um einen Seelenaustausch handeln?
Kein Gericht wird eine solche Möglichkeit ins Auge fassen. Ein gewaltiger Schock reicht aus, um einen Seelenwechsel zu ermöglichen. Auch ein langsames Dahinsiechen kann ein zeitweiliges Verlassen oder Verdrängen der Seele nach sich ziehen.

Kann es vorkommen, daß Menschen in Spitzenstellen, zum Beispiel in der Politik, durch derartige Manipulationen verdrängt werden, so daß ein anderer Geist aus ihnen spricht?
Derartige Menschen sind meistens so hart 'gesotten', daß sie sich nicht so leicht aus ihrem Körper drängen lassen. Sie leiden nicht an medialen Trancezuständen. Ihnen fehlt es an der dazu erforderlichen Sensibilität. Aber diese Menschen lassen sich gut als 'Marionetten' benutzen. Viele große Politiker und Kriegsexperten

werden vom Geistigen Reich aus gewissermaßen ferngesteuert. Das kann aber nur geschehen, wenn ihr Bestreben eigennützig ist. Ein Musterbeispiel eines ferngesteuerten Politikers war Adolf Hitler.

Sind kranke Menschen für eine Besessenheit durch Besessenheitsgeister stärker gefährdet als Gesunde?
Besessenheitsgeister nehmen nicht gerade gern einen kranken Körper in ihren Besitz. Er ist für sie nicht wertvoll genug. Aber sie nehmen dafür lieber einen schlechten Charakter beziehungsweise eine schlechte Seele, die sie ja leichter regieren und beherrschen können. Die Gedächtnisspaltung kann in kurzer Zeit behandelt werden. Das ist kein so schweres Problem, wie ihr glaubt.

Wie ist die entsprechende Behandlung?
Zuerst muß man versuchen, auf die Person einzugehen, man darf ihr nicht widersprechen. Man muß versuchen, mit dem Patienten in Kontakt zu kommen, um dann das Positive zu fördern. Dazu muß man die Gedanken des Patienten auf das Äußerste verfolgen. Das Mienenspiel ist scharf zu beobachten, um zu erfahren, was sich in diesem Augenblick hinter der Stirn abspielt. Hierbei muß man versuchen, den Gedanken zu erraten beziehungsweise vorwegzunehmen, um diesen schon vorher außer Gefecht zu setzen, noch bevor dieser zu Ende gedacht wurde (Spezialaufgabe der Schutzpatrone. Anm. der Hrsg.). Man soll also den widerrechtlich in die Aura des Patienten eingedrungenen Geist einfach nicht zu

Wort kommen lassen, das heißt ihn nicht durch das Hirn des Patienten denken zu lassen.

Welche Fehler werden von ärztlicher Seite gemacht?
Man schenkt diesen Fällen viel zu wenig Beachtung. Meistens werden diese Patienten durch ihre Umgebung zu hoffnungslosen Fällen. Doch wenn sie isoliert werden, sind sie unbedingt zu heilen. Sie müssen aber eine individuelle, systematische Behandlung haben. Die Ernährungsweise spielt keine bedeutende Rolle.

Der Nervenarzt Dr. Wickland hat dafür eine Elektroschock-Behandlung entwickelt, die zu guten Erfolgen geführt hat. Ist diese Methode wirklich gut?
Der Erfolg war schon da. Aber diese Schocktherapie ist für die Materie sehr schädlich, und davon wurde nicht ein Wort berichtet.

Kann das Geistige Reich Geister austreiben?
Für uns ist das sehr schwer. Wir haben andere Aufgaben. Meistens entsteht das Irresein durch Steigerung der Hysterie, durch Schreien, Weinen, Verkrampfungen und Zusammenbruch. Das ist das erste Stadium, um alle Türen der persönlichen Schutzaura des Menschen zu öffnen, um sich dann haltlos gehen zu lassen. Das zweite Stadium zeigt sich durch Angriffe auf jeden Menschen. Unzufriedenheit und Egoismus steigern den Wahn, besonders, wenn eine Gottlosigkeit oder ein Fanatismus hinzukommt.

Gibt es viele Fälle, wo eine Seele, die schon im Jenseits ist, von einem anderen Körper Besitz ergreift?
Mehr als ihr glaubt.

Dann würden Menschen dazugehören, die an bestimmten Bewußtseinsstörungen leiden, die sich plötzlich an ihr bisheriges Leben nicht mehr erinnern können, so daß sie nicht wissen, wer sie sind?
Es ist häufig so, daß eine Seele, welche ein schlechtes Gewissen hat und reinkarniert werden soll, fürchtet, karmisch bestraft zu werden, zum Beispiel durch einen häßlichen Leib. Sie sucht sich dann eine sensitive Person aus, deren Körper ihr zusagt.

Wäre das ein Fall von Besessenheit?
Sie haben nicht immer die Absicht, mit dem neuen Leib Böses zu tun, nein, aber es soll nicht sein. Gott ist oft mild bei seiner Bestrafung, doch wehe demjenigen, der einen fremden Leib benutzt zu schlechten Taten - und ihn nach der Tat verläßt. Wehe der armen Seele, die nach der von ihr nicht begangenen Tat in ihren Körper zurückfindet. Sie muß das auslöffeln, was eine andere Seele verübt hat. Es gibt viele Fälle dieser Art, doch der so übel mitgespielten Seele wird nach ihrem irdischen Ableben Gott sehr nahe sein.

Es gibt bewußtlose Menschen, die jahrelang am Leben erhalten werden, ohne daß sie wieder zum Leben erwachen. Was geschieht mit der Seele jener Patienten?

Solche Körper haben Reflexbewegungen, das heißt sie haben ein vegetatives Leben, aber ohne Seele. Eine solche Seele kann bereits in einem anderen Körper reinkarniert sein. Selbst wenn ein solcher Patient erwacht, kann es den Anschein haben, daß es sich um dieselbe Person handelt. Aber das muß nicht so sein. Es kann eine andere Seele darin Platz genommen haben, die gewisse Ähnlichkeit hinsichtlich der Bewußtseinsfunktionen hat. Wenn es der neuen Seele gelingt, sich auf die Frequenz der Vorseele zu schalten, so steht ihr das Bewußtsein der Vorseele zur Verfügung. Ebenso könnnen aber Schaltschwierigkeiten auftreten, dann spricht man von Bewußtseinslücken oder vom Wahnsinn. Es ist nur die Sache der richtigen Frequenzübernahme des Bewußtseins, denn alle Erinnerungen liegen im Kosmos. Dann kann eine fremde Seele durchaus die ganze Erfahrung einer anderen Seele übernehmen beziehungsweise daran teilhaben. Nach einiger Zeit wird aber das eigene Ich zum Durchbruch kommen. Was möglich ist, davon macht der Mensch auch Gebrauch. Solche Fälle sind möglich. Mal macht sich die Seele vom Körper frei und gibt einer anderen Seele Raum. Das ist möglich, weil der Körper lebt. Ein toter Körper kann nicht benutzt werden. Leben und Bewußtsein sind zwei verschiedene Faktoren. Im selben Augenblick, wo sich eine Seele vom Körper löst, kann eine andere Seele Besitz ergreifen, wenn der Körper lebensfähig ist. Doch nur äußerst labile Seelen lösen sich in solchen Fällen von ihrem Körper. Es gibt Seelen, die jede Gelegenheit benutzen, um in einen irdischen Körper zu kommen. Sie tun das bei der Geburt und auch bei erwachsenen Körpern. Es gibt eine Art Flucht aus dem Jenseits. In solchen Fällen wird allerdings mächtig aufgepaßt, denn manche Seele versucht, in einen Körper zu gelangen, von dem sie sich erhofft, daß er im ausgewachsenen Zustand bessere Möglichkeiten bietet.

Wir wissen, daß wir zuweilen während des Tiefschlafes unsere Seele in das Astralreich aussenden. Doch leider ist es nur in sehr wenigen Fällen möglich, die Erinnerung daran in das Wachbewußtsein mitzubringen. Woran liegt das?
Sie würden ihn nur belasten. Der Mensch käme damit schwer zurecht, denn er ist durch und durch ein Zweifler und käme nicht mehr auf das richtige Gleis. Es soll nicht sein, denn es sind dann Prüfungen. Diese liegen nicht in eurem hiesigen Dasein. Ihr sollt gläubig sein, aber keine Grübler. Diese Menschen verlieren sich in der Phantasie und können eine Tatsache nicht von einer Träumerei unterscheiden. Sie werden somit unsicher oder so fanatisch, daß sie alles glauben.

Wie groß ist der Aktionsradius eines Astralkörpers, der von einem schlafenden Menschen aus dem Körper geschickt wird?
Höchstens 1500 Meter, nicht weiter. Häufig beträgt die Entfernung zwei Meter, das ist schon hoch. In der Regel beträgt die Entfernung vom Kopf bis zum Fußende des

Bettes oder bis zur Zimmertür. Der Astralkörper trennt sich in solchen Fällen von der Materie. Tibeter haben Ausnahmen erreicht, doch nur in äußerst seltenen Fällen, aber bewußt.

Kann ein solcher Austritt auch durch Hypnose hervorgerufen werden?
Wir lehnen solche Experimente ab.

Wie kommt es, daß das hypnotisierte Medium dem Hypnotiseur so folgsam ist?
Es steht unter einem anderen Einfluß. In diesem Zustand setzt das eigene Denken aus.

Wie beurteilt ihr überhaupt die Anwendung der Hypnose?
Wir lehnen sie grundsätzlich ab, weil die Seele dabei unter fremden Zwang gestellt wird. Aus diesem Grunde hilft die Hypnose nicht zur Gesundung, sondern führt zur Erkrankung. Scheinbare Hilfe läßt größere Schäden an der Seele zurück.

Was geschieht, wenn man einen schlafenden Menschen durch Schlafbeflüsterung aushorcht?
Dann antwortet nur die Seele, nicht das Zentrum des Gehirns. Dieser Weg des Denkens bleibt dann unbeansprucht. Die Seele antwortet in diesem Falle ohne Registratur. Doch die Seele wird durch solche Experimente sehr beschädigt.

Ist Grübelei eine Charaktereigenschaft oder eine Veranlagung?
Die Grübelei ist eine Eigenschaft der Seele, aber es kommt dabei darauf an, worüber gegrübelt wird.

Es ist doch so, daß jeder Mensch etwas besonderes sein möchte. Wenn er es nicht erreichen kann, dann täuscht er etwas vor. Aber dahinter steckt ein starker Wille, mehr zu sein, als andere. Was ist dazu zu sagen?
Dieses Ziel verfolgt die Seele auch im Jenseits weiter. Wenn der Wille jedoch positiv ist, so ist die Seele auf dem richtigen Wege. Aber wenn die Seele beziehungsweise der Wille auf negative Ziele konzentriert wird, dann geht der Mensch unbedingt abwärts.

Ist im Jenseits die absolute Wahrheit für alle Seelen erkennbar?
Das hängt ganz vom eigenen Willen ab. Der Sünder erkennt oft erst im Geistigen Reich die Wahrheit, nämlich durch die wahrhaftige Weiterexistenz des persönlichen Lebens. Diese Erkenntnis macht ihn dann durch den eigenen Willen zum eifrigen Gottesdiener. Es geht ihm zwar nicht gut, aber er will alles gutmachen. Natürlich ist die Selbsterkenntnis wichtig. Andere haben keinen guten Willen, weil sie sich im Recht fühlen und alle Schuld auf andere schieben. Ihnen bleibt die Wahrheit meistens lange verschlossen. Sie irren wie blind umher.

Ist es schwer, daß man sich ein Heim im Jenseits nur mit guten Taten auf dieser Erde verdienen kann?
Nach dem irdischen Tode erhält die Seele ihre geistige Schöpferkraft zurück. Mit dieser kann die Seele sich alles schaffen, was sie sich wünscht.

Kannst du uns erklären, warum eine Seele im Jenseits am besten aufgehoben ist, wenn sie eine Aufgabe bekommt?
Die Aufgabe gibt der Seele das Gefühl, nicht nutzlos zu sein. Welche Seele möchte schon das Gefühl der Nutzlosigkeit haben? Die jenseitige Seele würde sonst ziellos umherirren, und die jenseitigen Bereiche sind unvorstellbar groß. Eine Seele ohne Aufgabe weiß überhaupt nichts mit sich anzufangen.

Ist das Gefühl eurer Körperlichkeit ähnlich wie im Erdenleben?
Dieses Gefühl ist im Jenseits noch stärker ausgeprägt, ebenfalls jeder Sinn. Man kann sagen, daß eine Seele ein Vollamputierter ist, dem man den ganzen irdischen Körper entfernt hat. Wohlgemerkt: Auch die auf der Erde lebenden Teilamputierten spüren noch ihre fehlenden Glieder, als ob sie noch vorhanden wären. Dieses Gefühl ist so stark vorhanden, daß sie das Kratzen mit dem geistigen Fingernagel fühlen.

Wodurch gewinnt eine Seele die größte Kraft?
Indem sie der göttlichen Kraft nicht trotzt, sondern sich

ihr zuwendet, nicht durch lange Gebete, sondern durch ein geöffnetes Herz!

Die Kirchen haben leider keine enge Fühlungnahme mit dem Reich Gottes gehabt. Ihnen fehlt daher die langsame Entwicklung zur absoluten Wahrheit. Ist das so?
Ja, ganz recht. Die Kirchen wissen von der Seele des Menschen genau so wenig, wie die Wissenschaft.

Die Wissenschaftler fragen sofort, ob diese Einwände und Belehrungen von einem Akademiker stammen. Wenn es sich aber um einen Nichtakademiker handelt, wird dieser sofort als ein nicht studierter Besserwisser eingestuft. Das ist ein Übel, welches den Fortschritt hindert. Was sagst du dazu?
In diesem Falle gibt es Beweise, daß ein Autodidakt mehr Wissen besitzen kann, als die Universitäten lehren können!

Es gibt Leute, die nicht an Geister glauben, weil sie der Meinung sind, daß noch nie ein Toter aus dem Jenseits zurückgekehrt sei. Was sagt ihr zu diesen Worten?
Diese Leute haben in gewisser Beziehung recht. Tatsächlich ist noch kein Toter aus dem Jenseits zurückgekehrt, weil das unmöglich ist. Mit dem Toten meint man den Körper. Aber auch die Seele kann nicht ins Diesseits zurückkehren. Sie muß im Geistigen Reich verbleiben, selbst wenn sie mit euch Kontakt aufnimmt. Auf die Erde zurückkehren kann die Seele nur, wenn sie

reinkarniert wird, aber dann fehlt ihr die Erinnerung an das gelebte Leben. Diese Leute, die euch mit diesen Worten begegnen, wissen nicht, daß es eine Verständigung zwischen Diesseits und Jenseits gibt. Die Geister kehren also nicht zurück, sondern geben nur von sich Kunde. Ein Mensch, der in einem anderen Lande lebt, kann ja auch eine Nachricht von sich geben, ohne daß er zurückkehren muß.

Ist es jeder Seele gestattet, sich mitzuteilen, wenn ein Medium zur Verfügung steht?
Nein. Es gibt unendlich viele Seelen im Geistigen Reich, die bittere Tränen darüber vergießen, daß sie sich nicht mitteilen können. Die Schuld trifft sie selbst, weil sie auf Grund ihres Unglaubens ein falsches Dasein gelebt haben. Nur die wissenden und gebesserten Seelen können sich bemerkbar machen, weil ihre Frequenz mit dem des Mediums übereinstimmt. Die Unmöglichkeit der medialen Verständigung zwischen Diesseits und Jenseits hat Christus schon erwähnt. Selbstverständlich meinte auch er nur die negativen Seelen. Wenn ich es euch durch einen technischen Vergleich verständlich machen soll, so müßt ihr euch vorstellen, daß ein Medium einen 'Wechselstrom' hat, während der Jenseitige einen 'Gleichstrom' hat. Das sind verschiedene Stromarten.

Viele Menschen glauben, daß die Jenseitigen allwissend sind. Was sagst du dazu?

Im Jenseits sind die meisten Geistwesen genau so dumm, wie sie es auf Erden waren. Woher sollten sie auch ihr Wissen nehmen? Nur ein kleiner Teil ist willens, sich weiterzubilden. An diese Bildung kommt man nur heran, wenn man Missionen übernimmt! Es handelt sich um den Dienst am Menschen. Es müssen Schutzpatrone ausgebildet werden. Es müssen Ideen inspiriert werden. Es besteht eine absolute Zusammenarbeit zwischen dem Diesseits und dem Jenseits. Aber das macht viel Mühe und erfordert viel Verantwortung. Vor diesen Aufgaben drücken sich die meisten und bleiben daher so dumm, wie am Tage ihres Todes.

Können Jenseitige sich in einem Spiegel erkennen, das heißt reflektiert dieser auch geistige Strahlen?
Nein, das ist nicht der Fall. Nur wenn es sich um Materialisationen handelt, werden diese auch von einem Spiegel reflektiert.

Was geschieht im Jenseits mit den Kinderseelen?
Diese entwickeln sich bis zu ihrer Inkarnation weiter, die früher stattfindet als bei Erwachsenen.

Wie groß ist die Fortbewegungsgeschwindigkeit der menschlichen Seele?
Es kommt ganz auf die ihr gewährte Bewegungsfreiheit an. Bei großer Freiheit, wie bei uns, Berlin - New York im Bruchteil einer Sekunde. So schnell wie das Licht, aber wenn sie will, auch so langsam bis zum völligen

Stillstand, je nach ihrem eigenen Willen. Die Höhe spielt dabei keine Rolle. Gute Seelen sind jedoch bemüht, in ihrer Sphäre zu bleiben und nicht über die Grenzen zu stoßen.

Kann die Seele im Jenseits schöpferisch tätig sein?
Sie ist es, aber diese Tätigkeit darf nicht ins Unermeßliche gehen. Ist es Wahn oder Bescheidenheit, das ist hier die Frage. Hier liegt auch die Grenze. Was bescheiden bleibt, ist schöpferisch und wunderschön. Unbescheidenheit im Jenseits kann eine Zwangsinkarnation zur Folge haben.

Können sich positive Seelen in Gegenden aufhalten, in denen die Zivilisation noch nicht Fuß gefaßt hat?
Positive Seelen werden leicht verdrängt. In Neuguinea, auf den Salomon-Inseln sowie im Indopazifischen Ozean werden die positiven Seelen von den unentwikkelten Seelen angegriffen. Auch Tibet ist keine Stätte für gute Geister. Für die Wahrheit gibt es jedoch keinen festen Ort, sie kann überall durchkommen. Dagegen kann die negative geistige Welt Menschen angreifen, indem sie Krankheiten begünstigt und verbreitet, die euch ein Rätsel sind. Ganz besonders werden allerlei Nerven- und Geisteskrankheiten übertragen.

Kannst du uns sagen, warum eine Seele im Jenseits noch Schmerzen empfinden kann?
Es handelt sich um eine suggestive Einbildung. Im

Jenseits muß sich der Mensch zuerst sehr umstellen. Das ist nicht einfach.

Warum reichen alle diese Erscheinungen nicht aus, um allgemein an das Geistige Reich zu glauben?
Sobald wir uns beweisen, sagt man: Unmöglich. An was man nicht glauben will, hält man lieber für eine Täuschung oder für ein Rätsel.

Der Schutzpatron

Der Schutzpatron

Was ist ein Schutzpatron?

Der Schutzpatron ist die stärkste Verbindung des Erdenmenschen zum Geistigen Reich. Er ist der ständige Begleiter des Schützlings. Er nimmt an allem den stärksten Anteil und erfaßt alle Gefühle. Außerdem besteht eine Interessengemeinschaft: Beide lernen! Der Schutzpatron hat als unsichtbarer Teil die größere Übersicht. Er ist Ratgeber und Warner. Der Schützling kann sich jedoch gegen die Beeinflussung des Schutzpatrons sperren, so daß dieser überhaupt nicht zum Zuge kommt. Wenn der Schützling dem Schutzpatron geistig entgegenkommt, so entsteht ein gutes Verhältnis. Der Schutzpatron ist ausgebildet und angewiesen, dem Schützling jede freie Entscheidung zu überlassen. Entweder nimmt der Schützling den Rat an oder nicht. Nimmt er den Rat nicht an, so ist das meistens sein Nachteil. Es kann aber vorkommen, daß der Schutzpatron durch den Schützling herabgezogen wird. Es ist oft eine harte Probe, mit dem Schützling den seelischen Kummer zu teilen.

Kannst du uns mehr über das Dasein eines Schutzpatrones sagen?

Gewiß. Sie halten sich, wie ihr, auf der Erde auf. Sie wachen über euch, damit die Gefahren für euch verringert werden. Ein Schutzpatron ist sehr sensibel und telepathisch mit eurer Seele verbunden. Er nimmt alles wahr, was euch bewegt und euch interessiert. Er kennt eure Gedanken und Absichten. Er warnt euch, aber ihr habt den Eindruck, daß es eure eigenen Gedanken sind. Ihr müßt wissen, daß die negative Geistwelt ständig versucht, in eure Gedanken hineinzusprechen. Die Hauptaufgabe des Schutzpatrons besteht darin, diese negativen Gedanken abzufangen und unhörbar zu machen. Doch wenn der Schützling selbst sehr negativ eingestellt ist, werden alle Bemühungen des Schutzpatrons unmöglich gemacht. Wenn ein Schutzpatron erschöpft ist, muß er abgelöst werden.

Unter welchen geistigen Bedingungen erfolgt die Zuordnung eines Schutzpatrons?
Ein jeder von euch wird sicherlich hin und wieder den Gedanken gehabt haben, wie es wohl möglich ist, daß gerade er diesen Schutz erhält, oder warum er nicht die Kraft spürt, oder warum er die Kraft spürt. Nun, das ist folgendermaßen: Eine jede Seele, welche reinkarniert wird, wird noch in unserem Reich für das materielle Leben vorbereitet, damit der Weg klar ersichtlich ist. Bei dieser Vorbereitung entscheidet sich meistens, mit wenigen Ausnahmen, für die Führung des Schützlings eine befreundete Seele. Meistens ist die Freundschaft auf andere Leben zurückzuführen. Schon vor der Reinkarnation ist also eine befreundete Seele bereit, die geistige Betreuung des Schützlings zu übernehmen. Sehr oft wird jedoch die enge und sehr harmonische Freundschaft in unserem Reich geschlossen. Aus dieser

Liebe heraus wird das Gefühl, dem Freund oder der Freundin dienen zu können, treu, ergeben und für ihn verantwortlich sein zu können, entwickelt. Nun bittet die befreundete Seele den übergeordneten Geist, sagen wir ruhig den Engel, ihr die Möglichkeit zu geben, als Schutzpatron dienen und für ihren Schützling sorgen zu können. Dieses ist die schönste Aufgabe für den Schutzpatron, aber auch die gefährlichste und jene Aufgabe, welche viele Tränen mit sich bringt. Der Schutzpatron muß mit seinem Schützling zusammen durch Freud und Leid schreiten, nur mit dem Unterschied, daß der Schützling meistens nichts von der Existenz seines Beschützers weiß. Die meisten Erdenmenschen glauben, allein durch das Leben zu gehen und keine Rechenschaft abgeben zu müssen. Hierdurch kennt der Schutzpatron genau jede Schwäche und auch alle Vorzüge der ihm anvertrauten Seele. Für den Schutzpatron besteht der schönste Lohn darin, wenn es ihm mit vielen Freunden gelingt, die Vorzüge zu fördern. Der Schutzpatron ist eine Seele, die sozusagen den Mittelpunkt oder den Kern darstellt. Dieser Schutzpatron hat aber auch sehr viele Freunde, und diese Freunde helfen wiederum ihrem Freund nach bestem Willen. Und so wird der Schützling stets von vielen geistigen Freunden umgeben. Doch hier muß ich wieder betonen, ein jeder von euch hat seinen freien Willen, und wenn er, sagen wir es in euren Worten, einen Dickkopf hat, können wir ihn schwer hindern. Dann will er nicht hören und begeht schwere Fehler.

Hat der Schutzpatron tatsächlich die Macht, seinen Schützling zu beschützen?

In all den Jahren, die ich nun in eurer Welt mitarbeite, habe ich niemanden kennengelernt, der zu mir sagen könnte: 'Ja, es sind zwar schöne Lehren, die du bringst, aber ich habe sie ausprobiert. Trotzdem bin ich hungrig, durstig und schutzlos'. Nein, ich kenne wirklich keine solchen Menschen. Ich weiß bestimmt, daß die Macht des Geistes da wirken kann, wo vollkommene Treue und Glauben herrscht, aber nicht blinder Glaube, sondern der Glaube, der auf gutem Wissen beruht. Unsere beste Arbeit, euch zu schützen, kann da getan werden, wo Ruhe und Empfänglichkeit vorhanden sind und die Atmosphäre nicht durch Erregungen oder durch Fanatismus gestört wird. Eine schwierige Aufgabe muß gelöst werden, und sie kann gelöst werden, denn viele auf dieser Welt haben das bereits bewiesen. Das gilt für euch alle. Wenn ihr es mir gestattet, kann ich euch führen und verhindern, daß euch ein wirklicher Schaden zugefügt wird. Wir können nur arbeiten, wenn ihr uns die Verhältnisse dazu schafft. Ihr seid unsere Hände, denn unsere eigenen können wir in eurer Welt nicht benutzen. Wir können uns nur durch das ausdrücken, was ihr uns zur Verfügung stellt. Wir wollen gern mit euch zusammenarbeiten, aber ohne euch zu befehlen. Keiner wird gedrängt und keiner beherrscht. Keiner kann etwas von uns fordern, denn wir fordern auch nichts von euch. Wir lassen euch den freien Willen und die Selbstentscheidung. Alles, was wir erbitten, ist:

Kommt uns auf halbem Wege entgegen, wir werden euch mehr als nur auf halbem Wege entgegeneilen. Zusammenarbeit ist das Gesetz. Immer bringen wir dieselbe alte Wahrheit, nur in verschiedenen Formen, damit sie jedem verständlich wird. Die Wahrheit bleibt jedoch immer dieselbe. Die Wahrheit kann nicht verändert werden, denn Wahrheit bleibt Wahrheit. Noch einen Rat: Schaut nie zurück. Bedauern darüber, was sein könnte, ist vergeblich. Die Aufgaben der Vergangenheit hatten den Samen für das Heute zu säen. Sie sollten helfen, den Samen für die Gegenwart auszustreuen, damit er morgen blühen und gedeihen möge. Lebt lieber in der Gegenwart und zieht aus dem gegenwärtigen Leben die Reife und Fülle, die euer sein kann, wenn ihr euch von der Macht, die um und in euch ist, beeinflussen laßt. Wir wollen euch nicht nur belehren, wie ihr sterben könnt, sondern wie ihr leben sollt. Wenn ihr ordentlich lebt, werdet ihr auch ordentlich sterben. Zuerst aber müßt ihr leben!

Hat tatsächlich jeder Mensch einen Schutzpatron? Man wundert sich, daß viele Menschen immer wieder Fehler machen, obgleich sie einen Schutzpatron haben, der auf sie aufpassen soll.

Jeder Mensch hat einen Schutzpatron, aber sie sind unterschiedlich. Je mehr sich ein Mensch nach oben entwickelt, desto besser ist sein Schutzpatron, der ja mit ihm harmonisieren soll. Doch dem Menschen beziehungsweise dem Schützling ist die Freiheit der

Selbstentscheidung überlassen. Der Schutzpatron hat eine sehr schwere Aufgabe. Er spricht die Gefühle und das Gewissen an. Jeder Mensch hat ein Gewissen und könnte darauf hören. Er würde sich somit viel Ärger und Leid ersparen. Aber der Mensch schiebt die Stimme seines Gewissens leichtsinnig beiseite. Je mehr sich die bösen Gedanken und Taten vermehren, um so mehr wird das Gewissen verdrängt. Ein Mensch kann sich geistig gegen jeden guten Einfluß und jede Unterstützung abschirmen. Letzten Endes sagt er: 'Womit habe ich das verdient?' Das Böse wirkt sich wie bleierne Ketten aus. Man kann sich nicht mehr davon befreien, wenn man erst einmal richtig gefesselt ist. Schon bei dieser Vorbereitung wird auch der Schutzpatron für den Schützling ausgesucht und bestimmt. Selbstverständlich handelt es sich zumeist um Freundschaften. Auf diese Weise begleitet der Schutzpatron seinen Schützling in jeder Lage und lebt auf diese Weise ein irdisches Leben, auch wenn er unsichtbar bleibt. Die Liebe ist immer das Entscheidende. Aber es kommt häufig vor, daß der Schutzgeist sehr enttäuscht wird, weil der Schützling eigene Wege geht, die ihn in den Abgrund führen. Die meisten Menschen glauben, allein durch das Leben zu gehen und niemandem Rechenschaft geben zu müssen. Es gibt nur einen Lohn für den Freundschaftsdienst des Schutzgeistes, nämlich wenn er sieht, daß seine Bemühungen Erfolg haben.

Die katholische Kirche verehrt ihre Schutzheiligen. Wir aber hören von euch, daß die Schutzpatrone eine andere Funktion haben. Wie ist das eigentlich?
Jeder Mensch hat einen persönlichen, unsichtbaren Begleiter. Schutzpatron zu sein ist eine sehr gewissenhafte und schwere Aufgabe. Die Schutzpatrone sind keine Engel, sondern Seelen von Menschen, die in das Geistige Reich gekommen sind und dann eine Mission erfüllen wollen, um zu steigen. Aber die Schützlinge machen es ihnen unglaublich schwer. Keinesfalls ist es so, daß ein sogenannter Schutzheiliger für viele Menschen verantwortlich und zuständig ist. Der Schutzpatron ist eine individuelle Hilfe für den Erdenmenschen. Für den Schutzpatron ist es wahrlich kein Vergnügen, die Heuchelei, die falschen Versprechen und die Lügen sowie das falsche Getue mit anzusehen und mit anzuhören. Die Schutzpatrone der Kirchen sind ein Dogma. In Wirklichkeit handelt es sich immer um einen persönlichen Schutzpatron, der allerdings ausgewechselt werden kann. Einen Kollektiv-Schutzpatron gibt es für den einzelnen Menschen nicht.

Sind die geistigen Freunde zum Dienst am Erdenmenschen verpflichtet?
Außer dem persönlichen Schutzpatron sind sie frei. Niemand wird gezwungen. Auch der persönliche Schutzpatron sucht sich freiwillig seinen Schützling und macht sich dessen Betreuung zur freiwilligen Pflicht.

Wie erkennt man seinen eigenen Schutzpatron?
Das kommt darauf an, wie weit man medial ist. Doch ihr könnt den Schutz erkennen, wenn ihr vor große Entscheidungen gestellt werdet. Dann kommt es vor, daß ihr plötzlich eine Erleuchtung habt, die ganz im Gegensatz zu eurem Willen steht. In solchen Fällen sagt man dann: 'Ich habe das Gefühl, ich werde richtig geführt' oder 'meine innere Stimme sagt mir, was richtig ist'.

Hat der persönliche Schutzpatron eines Menschen einen Einfluß auf die Gedankengänge des Schützlings?
Der Gedanke ist im Kosmos aufbewahrt. Doch der Schutzpatron kann unter Umständen einen Gedanken, der sich bereits als Erinnerung im Kosmos befindet, sperren, so daß er schwer anzupeilen ist. Der Schutzpatron ist sozusagen das Double des Schützlings. Sind die Erinnerungen sehr negativ, lehnt sie der Schutzpatron ab und schickt sie in den Kosmos zurück. Doch das genügt nicht, denn mitunter kann der Schützling sie durch Konzentration an sich ziehen. Er holt sich dann die negativen Gedanken ohne Hilfe seines Schutzpatrons zurück. Wenn ein Schützling negativ eingestellt ist und sich gegen gute Ermahnungen sperrt, so kann der Schutzpatron wenig ausrichten. Der Mensch muß dem Gesetz des Guten geöffnet sein, er muß auch von sich selbst aus das Höhere und das Bessere anstreben. Wenn der Schützling kein Gewissen hat, ist jede geistige Unterstützung vergeblich. Der

Schutzgeist spricht das Gewissen des Menschen an. Er wendet sich damit an seinen guten Kern. Wenn es anders wäre, so wäre der Mensch nur darum gut, weil er einen besonders guten Schutzpatron hat oder weil sein Kontakt zum Schutzpatron besser klappt. Wenn ich sage, daß der Schützling mitunter kein Gewissen hat, so meine ich, daß sein Gewissen nicht ansprechbar ist.

Kann der Schutzpatron auf den Schützling einwirken, wenn der freie Wille unantastbar ist?
Der inkarnierte Mensch legt vor der Inkarnation sein Erinnerungsgedächtnis ab. Der Schutzpatron behält es. Dadurch ist er schon dem inkarnierten Menschen voraus. Der Schutzpatron darf inspirativ Belehrungen geben, aber keine Entscheidungen treffen. Er kann warnen, was der inkarnierte Mensch als Gefühl oder Ahnung empfindet. Wenn der Schützling sich nicht sperrt, können seine Gedanken in eine bestimmte Richtung gelenkt werden. Aber in den meisten Fällen sperren sich die Menschen gegen gute Inspirationen, während sie für schlechte Eingebungen sehr geöffnet sind. Atheisten sperren sich ganz besonders gegen ihren persönlichen Schutzpatron. Wer an Gott oder an Christus glaubt, der kommt mit seinem Schutzpatron in einen besseren Kontakt, was nur zu seinem Wohle ist.

Ein Schutzpatron muß meiner Meinung nach objektiv-neutral sein und auf alle Fälle den freien Willen des Menschen respektieren. Stimmt das?

Die Dinge, die du aufzählst, gehören unbedingt dazu. Der Widersacher hat leider auf Erden ein leichtes Spiel. Das liegt daran, weil das Gute nicht die gleichen Waffen anwenden kann, wie es bei dem Widersacher der Fall ist. Die mit Skrupel behafteten Menschen sind dadurch immer benachteiligt. - Aber das ist nur scheinbar so. Im Jenseits gibt es ganz andere Gesetze.

Worin ist eine geistige Hilfe erkennbar?
Nur wer den blinden Glauben in ein fundiertes Wissen verwandelt hat, wird das erkennen. Ein Wissender hat so viel Gottvertrauen in sich selbst, daß er schon von allein richtig handelt. Er wartet nicht erst auf äußerliche Hilfe, auch nicht auf ein Wunder, das ihm helfen soll.

Wie ist für einen nicht medial geschulten Menschen eine Verständigung mit dem Schutzpatron zu ermöglichen?
Indem ihr in Gedanken euren Schutzpatron bittet, euch zu beraten. Dann lauscht ihr in euch still hinein und wartet ab, ob auf eure in Gedanken gestellte Frage eine Antwort erfolgt. Nachdem ihr in Gedanken euren Schutzgeist gefragt habt, versucht, an nichts zu denken. Der Rat, der euch dann ohne eigene Überlegung plötzlich in den Sinn kommt, dürfte vom Schutzpatron sein. Wer den Namen seines Schutzpatrones erfahren möchte, kann dies in einer Meditation selbst herausfinden. Man sollte sich selbst vertrauen, daß die richtige Inspiration durchkommt!

Kann man seinen persönlichen Schutzgeist ansprechen und hat das Zweck?
Ja. Unbedingt, wenn die innere Überzeugung dazu drängt. Ein solcher Anruf kommt einem Gebet gleich. Ihr könnt das in Gedanken tun, indem ihr sagt: 'Lieber treuer unsichtbarer Freund, schirme mich bitte gegen das Böse ab und gegen alles, was gegen mich ist'.

Viele Menschen nehmen von den Eingebungen des Schutzpatrones keine Notiz, weil sie keine Ahnung haben.
Wenn ein Mensch eine göttliche Ahnung verspürt und sich Gedanken darüber macht, so ist sein negativer Anhang aus der niederen Jenseitswelt bestrebt, dieses Gefühl zu ersticken. Für den Schutzpatron ist es ein herrliches Gefühl zu merken, daß sein Schützling seinen Einfluß ernst nimmt und seinen Bemühungen folgt.

Kann es vorkommen, daß ein persönlicher Schutzpatron mit uns durch ein Medium spricht?
Ja, das ist vereinzelt vorgekommen, besonders in England. Es ist jedoch nicht richtig, da sich der Schutzpatron möglichst neutral verhalten soll. Seine Verständigung mit dem Schützling geschieht hauptsächlich telepathisch. Der Schutzpatron soll den Schützling keinesfalls bevormunden, er soll ihm die freie Selbstentscheidung überlassen, aber er soll ihn positiv anregen und vor allem beschützen. Es gibt Fälle, wo der Schutzgeist den Menschen sogar akustisch anspricht, wenn der

Schützling sich in einer Gefahr befindet oder vor einer großen Entscheidung steht. Er kann aber auch telepathisch mit dem Schützling sprechen. Doch im Prinzip soll sich der Schutzgeist möglichst zurückhalten.

Gibt es eine Möglichkeit, die Wahrheit durch den Schutzgeist zu erfahren?
Nein, denn dieser stellt sich neutral. Er darf keinesfalls mit hineingezogen werden, denn er ist nur ein Missionar! Jeder Mensch hat aber die Möglichkeit, sich selbst zu erkennen. So hat es Gott eingerichtet.

Es gibt aber auch Jenseitige, die mit uns sehr gut sprechen, wie hier in diesem Falle. Sind diese Belehrungen auch eingeschränkt?
Das ist etwas anderes und kann nicht mit der Aufgabe des Schutzgeistes verglichen werden. Es gibt Kinder und Künstler, die einen Genius zur Seite haben. Er braucht nichts mit dem Schutzgeist zu tun zu haben.

Goethe wurde doch bei seinem 'Faust' durch seinen Schutzpatron inspiriert. Wie ist das zu beurteilen?
In diesem Falle war Goethe selbst ein Medium. Er wirkte nicht für sich selbst, sondern er erfüllte als 'Werkzeug' eine hohe Aufgabe für die Menschheit. In diesem Falle war der Schutzgeist zugleich der geistige Führer. Goethe hatte einen Genius.

Während die unsterbliche Seele bei der Inkarnation ihr geistiges Gedächtnis-Kapital ablegt, sollte der Schutzgeist als nicht inkarnierte Seele eigentlich über das ganze Gedächtnis-Kapital seines Schützlings verfügen können. Stimmt das?
Der Schutzgeist verfügt nicht über den Gedächtnisvorrat seines Schützlings, aber er kann dessen Gedanken auffangen. Jeder Mensch hat seine eigene Frequenz. Wenn deine Seele inkarniert wird, dann verliert sie den Anschluß zu dieser Frequenz und erhält eine neue. Der Gedächtnisvorrat bleibt im Kosmos zurück, bis die Seele diese Frequenz wieder zur Verfügung hat und sich demnach an alles wieder erinnern kann.

Oft werden wir gefragt, warum dem einen geholfen wird und dem anderen nicht. Viele Menschen können das nicht begreifen. Was kannst Du darüber sagen?
Ich habe euch immer wieder darauf hingewiesen, daß die Furcht euer größter Hemmschuh ist. Ruhiges Verhalten gibt uns die Möglichkeit, euch zu helfen. Furcht vernichtet. Die Furcht sendet flackernde Ausstrahlungen in die Atmosphäre, die euch umgibt und vernichtet die Bedingungen, die vorhanden sein müssen, um unsere Kraft unter euch wirken zu lassen. Wenn ihr mich fragt: 'Warum genießen nur einzelne Leute Führung und Beistand, die anderen aber nicht?' , so ist die Antwort darauf, daß alles von den vorhandenen Umständen abhängt. Wenn ihr mich fragt: 'Warum wird der eine gerettet, der andere nicht, warum wird der eine

geheilt und der andere nicht?', so muß ich euch antworten, daß alles den zur gegebenen Zeit herrschenden Umständen zuzuschreiben ist. Kein Wunder ist am Werke. Alles geschieht im Einklang mit einem großen Naturgesetz. Der Radius des geistigen Einflusses hängt ganz von der Mitarbeit der Beteiligten ab. Er dehnt sich nicht auf alle aus. Wenn er das täte, würden sich manche Katastrophen und Ereignisse vermeiden lassen oder hätten zumindest nicht die nachteiligen Wirkungen auf die Menschen. Aber wir hier müssen eben die Dinge so nehmen wie sie sind.

Wenn jemand in Not ist und um Hilfe betet, wird ihm dann Hilfe zuteil?
Was die zwar überlegte, aber doch gewährte Hilfe anbelangt, sei gesagt, daß euch aus meiner Welt eine ständige Hilfe zufließt. Der Einfluß des Geistes dringt in die Wesen eurer Welt auf tausenden von Wegen, intuitiv, warnend, ahnend, mahnend, inspirierend zu euch. Ihr nennt es Ahnungen. Es gibt viele Methoden der unsichtbaren, für euch unbegreiflichen Annäherung.

Es ist vorgekommen. daß Kinder aus einem Fenster gestürzt sind, ohne sich verletzt zu haben. Kannst du uns etwas darüber sagen?
Wenn die Umstände es erlauben, so kann der Schutzpatron hier helfend eingreifen. Er kann unter dem abstürzenden Kind eine Odwolke erzeugen, die bremsend wirkt. Es handelt sich dann um die Aufhebung der

Schwerkraft, also um eine spirituelle Levitation. Aber nicht immer gelingt diese Hilfe.

Der Schutzpatron begleitet den Menschen ständig. Wie verhält es sich aber, wenn der Schützling in großes Gedränge kommt oder mit einem schnellen Verkehrsmittel davoneilt. Wo hält sich dann der Schutzpatron auf?
Der geistige Körper eines Schutzpatrones ist sehr flexibel, er kann sich bis zur Größe einer 'Elfe' verkleinern, das heißt, er kann auf einer Handfläche Platz nehmen. Aber er kann auch zu einem wahren Riesen anwachsen beziehungsweise ausdehnen. Der Unterschied zwischen Geist und Materie ist vorhanden und ist mitunter sehr beträchtlich. Es kommt ganz auf die Anpassungsfähigkeit und Reaktion des Schutzpatrones an. Aus diesem Grunde macht der Schutzpatron auch eine besondere Schulung durch. Eine solche Mission ist die Schwerste, denn es ist immerhin ein Menschenleben, das bewacht werden muß.

Kann ich mich durch das Bekreuzigen und durch das Sprechen 'im Namen des Vaters, des Sohnes und des heiligen Geistes' vor negativen Einflüssen schützen?
Nein, das ist nicht ausreichend. Die negativen Kräfte nehmen davon keine Notiz, weil sie viel zu respektlos sind. Aber der beste Schutz ist ein unerschütterlicher Glaube ohne jede Angst. Die davon ausgehende Schwingung ist wie ein Bollwerk.

Wie können wir am besten mit den inneren Anfechtungen bösartiger Natur fertig werden?
Ihr könnt dies erstens dadurch, daß ihr euch stets vor Augen haltet, daß die Anfechtungen, welche euch galten, von Unsichtbaren wahrgenommen werden. Ihr wißt, daß ihr einen Schutzgeist habt: Meint ihr, dem passen diese Anfechtungen? Er bezieht sie auch auf sich, und es freut ihn, wenn ihr ihn in Gedanken bittet, euch zu helfen, mit den Anfechtungen fertigzuwerden. Er wird sich sicher die größte Mühe geben, euch innerlich zu festigen, euch stark zu machen, auf daß ihr die Anfechtungen nicht mehr als solche so empfindlich wahrnehmt.

Kann der Schutzpatron eines Menschen das Eindringen eines ungeläuterten, erdgebundenen Geistes in die Aura des Schützlings verhindern, was zur Besessenheit führt?
Er kann es nicht immer. Es kann vorkommen, daß auch der Schutzpatron eine gewisse Labilität besitzt. Darum ist es wichtig, daß sich der Schützling, also der Erdenmensch, geistig fordert und bessert, damit er einen guten Schutzpatron bekommt, denn je besser der 'Tempel', um so besser der Geist, der in ihm 'Wohnung' nimmt. Das Naturgesetz heißt: Gleiches zu Gleichem!

Wenn wir die vielen Menschen betrachten, die laufend Unrecht begehen, so müssen wir uns fragen, was diese Menschen für einen Schutzpatron haben, der ihnen nicht zur Seite steht?

Diese Menschen haben mitunter den besten Schutzpatron, den es gibt. Aber sie haben diesen meist nicht lange, weil diese Schutzpatrone durch das negative Verhalten des Schützlings immer wieder abgelöst werden müssen. Wenn ein solcher Schutzpatron leider erkennen muß, daß seine Bemühungen um die Rettung einer menschlichen Seele immer wieder auf Granit stossen, dann verzweifelt er selbstverständlich. Die Schutzpatrone haben es meistens sehr schwer. Auch ihnen sind Grenzen gesetzt, sie sind sogar vom Schützling abhängig. Wenn aber ein Schutzpatron tatsächlich versagt, muß er sich später um so mehr bemühen - mit Unterstützung allerdings - seinem Schützling wieder herauszuhelfen. Aber dazu muß er selbst in die tiefe Sphäre hinab. Ein Schutzpatron hat eine sehr große Verantwortung! Ein Schutzpatron darf unter keinen Umständen seinen Schutzling verlassen - er ist immer um ihn herum. Wenn jedoch ein Schutzpatron durch die Übermacht von negativen Geistern abgedrängt wird oder derselbe durch das Verhalten des Schützlings in seinem Wirken beeinträchtigt wird, so werden ihm diese Umstände mildernd angerechnet.

Kann der persönliche Schutzpatron eines Erdenmenschen durch unsaubere Geister verdrängt werden?
Nein, das ist unmöglich. Der Schutzpatron verläßt seinen Schützling auch nicht eine Sekunde. Aber der Schützling kann sich gegen den Einfluß des Schutzpatrons völlig sperren, so daß dieser keine Möglichkeit

mehr hat, seinen Schützling zu warnen oder zu beeinflussen.

Wie ist es möglich, daß einige Menschen – sogar mit hoher Gotterkenntnis – so negativ wirken und Tausende von Menschen im Namen Gottes belügen. Haben diese Menschen keinen geistigen Schutz?
Diese Menschen sind trotz ihrer Gotterkenntnis und ihres aufrichtigen Glaubens ein Opfer des krankhaften Geltungsbedürfnisses. Das Geltungsbedürfnis ist die gefährlichste Klippe im menschlichen Verhalten. Diese negative Eigenschaft wird sehr leicht zum Wahn. Gerade auf dem Gebiet der Religion und auch auf dem Gebiet der Ufologie macht sich diese dämonische Krankheit bemerkbar. Diese Menschen belügen sich selbst, indem sie sich einreden, daß sie für die Erlösung und für den allgemeinen Fortschritt tätig sind. Trotzdem sind sie Heuchler und ziehen nur Nutzen aus ihrer Tätigkeit. Hätten sie keinen Nutzen aus ihrer Tätigkeit und müßten wirklich Opfer bringen, so würden sie ihre angebliche Mission aufgeben. Wirkliche Missionare sind Märtyrer. Es müssen nicht körperliche Martern sein, in vielen Fällen genügt der Spott und Hohn oder die öffentliche Schädigung ihres Ansehens. Auch übermenschliche geistige Arbeit kann ein Märtyrium sein. Doch die sich sinnlos selbst kasteien, die sind hiermit nicht gemeint. Um sich zu schützen, sollte der Mensch sich laufend kontrollieren und vor sich Rechenschaft darüber ablegen, ob seine Gedanken und Taten noch als

positiv zu bezeichnen sind.

Obgleich jeder Mensch seinen persönlichen Schutzgeist hat, kommt es immer wieder vor, daß von Politikern irrsinnige Entschlüsse gefaßt werden, unter denen dann die ganze Menschheit leidet. Wie ist das möglich?
Gerade in den Führungsschichten gibt es sehr skrupellose und fanatische Menschen. Hier wird es dem Schutzpatron fast unmöglich gemacht, sich durchzusetzen. Sie stehen buchstäblich 'vor der Tür'. Darum ist die Aufklärung, wie wir sie durchführen, überaus wichtig. Kein Mensch ist völlig allein und unbeobachtet. Was glaubt ihr, was wir täglich alles zu sehen bekommen! Es ist mit Worten nicht zu beschreiben. Die Menschheitsgeschichte hat bereits gelehrt, daß manchmal nur ganz große Katastrophen helfen, um die Menschheit in ihre Schranken zurückzuweisen. Auch diese Generation steht dicht davor, wenn sie nicht selbst zurückfindet.

Wir können nicht verstehen, daß es Menschen gibt, die scheußliche Verbrechen begehen, wo sie doch einen Schutzpatron haben?
In diesen Fällen handelt es sich um entgleiste Seelen. Diese Schutzpatrone werden dann auch abgelöst, weil sie mit ihrer Kraft total am Ende sind. Es ist jedesmal ein Drama, wenn ein Schutzpatron aus diesen Gründen seinen Schützling verlassen muß. Der Mensch hat die hohe Aufgabe zu beweisen, daß es eine Seele gibt, die

ewig weiterlebt. Für den Geist gibt es kein Ende seiner Existenz. Nur die Materie ist der Wandlung unterstellt. Trotz der Ablösung eines Schutzpatrons ist die Seele niemals ohne Schutz. Es muß ein anderer diese Pflicht erfüllen. Wenn eine Seele sehr labil ist, ist sie besonders allen Anfeindungen ausgesetzt. Sie zerbricht schließlich durch Haltlosigkeit. Daher ist es sehr wichtig, daß ein labiler Mensch an sich arbeitet, um eine Festigkeit der Seele zu erreichen. Ihr sagt Charakterstärke dazu. Ist eine Seele gefestigt, so ist der Weg klar erkennbar.

Es gibt Menschen, die wahre Virtuosen in negativen Gedanken sind, zum Beispiel Schriftsteller, Politiker oder Kriegstreiber. Sie können nur ganz Schlechtes hervorbringen. Können sie trotzdem ungehindert wirken?
Diese Menschen sind vollkommen falsch gepolt. Es ist traurig, daß sie sich zutiefst auf diese Weise beschäftigen, ohne zu ahnen, was auf sie im Geistigen Reich noch wartet. Diese Menschen werden in ihrem bösartigen Verhalten durch jenseitige Seelen unterstützt, die nicht besser sind. Wenn der Schutzpatron derartige Gedanken zu verhindern sucht, sind sofort die dunklen Partner da, die alles daran setzen, daß der Schützling aktiv bleibt. Ihr müßt wissen, daß es im Geistigen Reich eine große negative Organisation gibt. Wir versuchen, gegen diese aufzutreten. Doch das Übel an der Wurzel zu packen ist sehr schwer.

Es geht uns darum, festzustellen, durch welche Einflüsse und durch welches Verhalten ein Erdenmensch seinen geistigen Schutz verliert. Könnt ihr uns diese Frage beantworten?

Im Allgemeinen hat auch der negative Mensch seinen Schutz auf Erden, denn er ist auf einem Läuterungsplaneten. Doch es gibt Fälle, wo der Mensch ein Verhalten zeigt, daß der Schutzpatron mit seinem Schützling nicht mehr klarkommt. Sehr gefährlich ist die Rechthaberei und der Fanatismus, der ja immer mit dem Eigensinn verbunden ist, überhaupt ist eine atheistische Einstellung für den Menschen in dieser Weise gefährlich. Der Fanatismus macht unobjektiv und blind für jede gute Beeinflussung. Fanatismus sperrt die Verbindung zur Inspiration. Wenn dann noch ein Atheismus vorherrscht, ist der Mensch völlig auf sich selbst gestellt. Er wird dann zum Spielball negativer Geistwesen, die ihn völlig beherrschen. Auch die Trunkenheit ist sehr ge-fährlich und kann den Schutz unmöglich machen. Es muß nicht immer eine absolute Besessenheit sein, schon eine teilweise Besessenheit durch niedere, unsaubere Geister ist nicht zu unterschätzen. Sie kommt sogar häufig unter Militärpersonen und Menschheitsführern vor, ohne daß jemand ahnt, wer unsichtbar dahintersteckt. Die Erdenmenschheit wird zu einem Drittel von Erdenmenschen und zu zwei Drittel telepathisch von der Geisterwelt regiert! Das Negative hat leider hier auf Erden ein leichtes Spiel. Das liegt daran, weil das Gute nicht die gleichen Waffen einsetzen kann, wie es bei den

Nagativen der Fall ist, die von der Gewalt und der Gemeinheit Gebrauch machen. Doch alle Menschen, ob gute oder schlechte, müssen einmal ins Geistige Reich zurückkehren, und dort gibt es Sphären, die sie trennen.

Was sind das für Voraussetzungen, die zu einer Besessenheit führen?
Negatives Denken, besonders, wenn es unterdrückt wird, kann durch einen besonderen Anlaß ans Tageslicht kommen. Unter solchen Umständen haben es die Besessenheitsgeister leicht, sich durchzusetzen. Es gibt zum Beispiel Menschen, die ihr negatives Verhalten aufgegeben haben, die sich auch für gut halten. Aber plötzlich werden sie durch Schicksalsschläge aus der Bahn geworfen. Da kann es passieren, daß das unterdrückte negative Verhalten und Denken, das bereits im Unterbewußtsein schlummert, an die Oberfläche kommt. In diesem Augenblick sind die Türen zur Besessenheit für die negativen Geister geöffnet. Der eigentliche Hauptgrund besteht darin, daß der Mensch sich dann gehen läßt. So entsteht auch der gefährliche Amok. In solchen Fällen hat es der Schutzgeist besonders schwer. Da aber der Schutzgeist auch ein menschliches Wesen ist, kann er mehr oder weniger energisch ver-anlagt sein. Es kann leider dazu kommen, daß der Schutzgeist völlig aktionsunfähig wird, wenn die geistige Einwirkung von negativer Seite her überhand nimmt. Das ist dann bedauerlich, wenn der Schutzpatron nicht mehr in der Lage ist, auf seinen Schützling inspirativ

einzuwirken. Diese Gefahr ist bei gottlosen Menschen besonders groß. Diese Gefahr besteht auch bei betrunkenen Menschen. Man sagt, daß sie einen Schutzengel haben. Das stimmt aber nicht, denn sie hatten einmal einen, der verdrängt wurde. Durch Alkoholgenuß moralisch degenerierte Mensch haben einen Sperrgürtel um sich gelegt, der es jedem Schutzgeist unmöglich macht, sich für den Schützling einzusetzen.

Ein Sprichwort sagt: 'Wer sich in Gefahr begibt, kommt darin um.'.

Wer die Gefahr kennt und sie herausfordert, der stellt sich offen zum Kampf.

Doch wer unwissend in diese Gefahr rennt, kann die Folgen nicht übersehen und weiß ihr deshalb auch nicht zu begegnen. Diese Opfer wissen nicht, wie sie sich verteidigen sollen. Das trifft auch für den Spiritualismus zu, der auch seine Gefahren hat, aber nur, wenn man sie nicht kennt. Man wird in besonderen Gefahren von seinem Schutzpatron gewarnt, durch ein ganz starkes Gefühl, das sich in eine Ahnung umsetzt, oder die Warnung erfolgt durch eine innere Stimme. Wenn der Mensch auf diese Mahnungen nicht hört, so ist er voll verantwortlich, weil der Schutzpatron wohl mahnt, aber selbst nicht eingreifen kann. Nur in ganz seltenen Fällen ist es dem Schutzpatron möglich, bei genügend vorhandenem Od, persönlich einzugreifen.

Verständigen sich die Schutzpatrone von verschiedenen Menschen untereinander?

Selbstverständlich. Sie beeinflussen ihre Schützlinge, ohne daß diese es spüren. Sie beraten sich auch gegenseitig, wenn sie im Zweifel sind, was zu tun ist. Aber die Schutzpatrone haben noch übergeordnete Instanzen, von denen sie sich Rat einholen können. Die Schutzpatrone haben einen gewissen Einfluß auf die Stimmungen des Schützlings. Doch der Mensch soll niemals sein persönliches Ich unterschätzen. Eine Unausgeglichenheit genügt, um die Laufbahn eines Menschen zu zerstören. Unzufriedenheit ist meistens der Grund für das seelische Siechtum eines Menschen. Es sind zwei Welten, die eng zusammenarbeiten. Diesseits, eure Welt – Jenseits, unser Reich. Eure eigene Persönlichkeit steht allerdings zu sehr im Vordergrund. Das ist die Ursache, warum auf Erden soviel Unfriede herrscht. Es fehlt die Harmonie untereinander, das Verständnis und das Interesse für das Ich eines anderen Menschen. Es fehlt die Erkenntnis, daß das menschliche Leben niemals verlöscht. Nicht der Körper, sondern die Seele besitzt den wirklichen Verwandtschaftsgrad. Wir sind alle Brüder und Schwestern, auch wenn das Blut, das heißt die Materie, verschieden ist. Das Blut allein macht noch keine Verwandtschaft. Das müßt ihr erst begreifen.

Kann ein persönlicher Schutzpatron durch den Schützling auch an allen Genüssen teilnehmen?

Wenn er das Glück und die Gnade hat, einen glücklichen Menschen zu beschützen, so teilt er mit seinem Schützling alle Freuden und Leiden, da er mit ihm zusammen lebt und gedanklich und gefühlsmäßig mit ihm zusammenhängt. Er ist körperfrei und dem Schützling deshalb in allen Situationen überlegen. Er besitzt einen Astralkörper, der die Materie durchdringt.

Kannst du uns etwas über die Eingebungen sagen, die vom persönlichen Schutzpatron ausgehen?
Jeden Augenblick kann eine solche Eingebung erfolgen, denn sobald ihr einen Plan habt oder etwas unternehmen wollt, so hat euer Schutzpatron sofort auch Kenntnis davon. Es findet dann eine Art Coproduktion der Gedanken statt. Die ganze Menschheit ist mit der geistigen Welt durch eine solche Coproduktion verbunden. Aber es kommt sehr darauf an, mit wem man eine Verbindung unterhält. Es können auch andere Seelen sein, die den Schutzpatron verdrängt haben, weil der Schützling durch seine Verhaltensweise keinen Schutz für die Verbindung gewährleistet hat. Nie brütet ein Mensch allein über seine Probleme. Wenn der Schutzpatron eine bessere Lösung gefunden hat, wird er versuchen, sie euch einzugeben. Aber es kann vorkommen, daß der Schützling schlechten Umgang aufsucht. Wenn dann der Schützling in seiner Entwicklung zurückfällt, so kann es passieren, daß der Schutzpatron ebenfalls fällt. Dann aber muß er abgelöst werden. Das kommt aber nur bei Schutzpatronen vor, die noch nicht lange in ihrem Amt sind und denen es an der entsprechenden

Erfahrung mangelt. Es hängt sehr viel vom Schützling ab, doch leider weiß er es nicht.

Gibt es zwischen dem persönlichen Schutzpatron und dem Schützling gewisse Meinungsverschiedenheiten?
Ja, das ist sehr häufig der Fall. Solche Meinungsverschiedenheiten führen dann zu einer Unentschlossenheit des Schützlings. Ihr könnt daran gut feststellen, ob ihr im Recht seid oder nicht.

Welche Mittel stehen dem Schutzpatron zur Verfügung, wenn sein Schützling widerspenstig wird?
In solchen Fällen bekommt der Schutzpatron eine 'Starke Hand'. Ein solcher Schutzpatron kann seinen Schützling in sehr unliebsame Situationen führen, damit er aus diesen lernt, denn manchmal helfen nur ganz besondere Notlagen und Leiden. Aber bei gewissen Menschen versagt eben alles. Es ist schon vorgekommen, daß ein Schutzpatron selbst um Ablösung gebeten hat. Gerade die Organisation der Schutzpatrone ist von großer Bedeutung. Sie ist daher riesengroß und ein Werk Christi! Daß die Erdenmenschheit so betreut wird, obgleich sie es gar nicht verdient hat, ist der Liebe Gottes zuzuschreiben. Wer von euch seinen geistigen Schutz verliert, trägt sicher die eigene Schuld daran.

Der Spiritualismus hat erarbeitet, daß der Mensch von einer ganzen Clique negativer Geister umgeben ist, deren Einflüsse viel intensiver sind, als die Warnungen

des Schutzpatrons. Stimmt das?
Ja, das ist vollkommen richtig. Aber es kommt darauf an, wie weit der Mensch durch seinen Egoismus oder durch seinen schlechten Willen die Türen seiner persönlichen Aura öffnet. Sind diese Türen offen, haben die Negativen freie Hand. Aber dennoch wird sich kein Mensch vor seiner höchsten Instanz einmal herausreden können. Leider macht der Mensch den Fehler, daß er sein Tun selbst verteidigt - und da fallen ihm die größten Ausreden ein, mit denen er sich und sein Gewissen belügt.

Kannst Du uns etwas über die Phantasten sagen?
Es handelt sich nicht um eine Geisteskrankheit, sondern um eine Verletzung der persönlichen Schutzaura. Phantasten verlieren sich in ihrer Phantasie. Wenn sie sich steigern, was meistens vorkommt, verlieren sie ihren persönlichen, ihren natürlichen Schutz, der ihnen bisher zur Seite stand. Die persönlichen Schutzpatrone verlieren den Kontakt zu ihren Schützlingen. Die Folge davon ist, daß sie sich von der Logik trennen. Da die echte Logik einen göttlichen Charakter hat, trennen sie sich selbstverständlich auch von Gott. Darum kann man sich auf Phantasten nicht verlassen.

Wenn ein Schützling durch sein negatives Verhalten die Verbindung zu seinem Schutzpatron sehr stört und es ihm schwer macht, endet dann so ein göttlicher Schutz?
Schließlich bekommen diese negativen Menschen einen

Schutzpatron aus ihren Reihen. Ihr könnt euch vorstellen, daß ein solcher Schutzpatron verhältnismäßig primitiv ist. Sie gehören einer Sphäre an, die zwar keine niedere Sphäre, aber dennoch, im Vergleich zu anderen, eine unentwickelte Sphäre ist.

Wer steht dem Erdenmenschen näher, die Dualseele oder der persönliche Schutzpatron?
Der Schutzpatron. Aber die Dualseele kann auch der Schutzpatron sein. Die Dualseele auf Erden gefunden zu haben ist meistens nur Einbildung. Jene glauben in ihrer Anmaßung, geistig reifer zu sein als alle anderen.

Lernt man seinen Schutzpatron beim Ableben kennen?
Der Schutzpatron nimmt den sterbenden Schützling in Empfang und führt ihn in das Geistige Reich ein. Der Schutzpatron ist nur für das irdische Leben seines Schützlings zuständig. Im Jenseits übernehmen andere Geister die Führung. Doch die negativen Menschen stehen verlassen da. Diese schließen sich dann Gleichgesinnten an – und so gehen diese mit ihnen in die Finsternis. Peiniger zum Beispiel brauchen immer Opfer, dann fühlen sie sich wohl. In den dunklen Sphären sind jedoch die Peiniger unter den gleichen Peinigern. Das gehört mit zur Gerechtigkeit Gottes. Diese Gerechtigkeit ist ein ewiges, automatisch wirkendes Prinzip. Sie ist ein Gesetz, das seine Unterstützung durch hochentwickelte Seelen findet. Die Gerechtigkeit Gottes wirkt wie ein zweipoliges Gesetz, das anziehend

und abstoßend wirkt. Ohne gute geistige Führung ist es sehr schwer, aus den niederen Sphären in eine höhere Sphäre zu gelangen. Die Sphären-Barrieren können nur durch eine geistige Veränderung durchbrochen werden.

Wie kommt es eigentlich, daß ich jedesmal pünktlich wach werde, auch wenn die Zeit verschieden ist?
Die natürlichste Erklärung ist die Mitwirkung des persönlichen Schutzpatrons.
Er kann den Schützling wecken.

Hat es ein Schutzpatron heute schwerer als früher?
Es ist allgemein nicht leicht, die Aufgabe eines Schutzpatrons zu erfüllen. In manchen Fällen kann es eine Strafe sein. Aber es ist trotzdem eine schöne Aufgabe. Besondere Schwierigkeiten bereiten die Jugendlichen, die falsch erzogen wurden. Sie benehmen sich so, daß es für einen Schutzpatron fast unmöglich ist, sie positiv zu beeinflussen. Viel leichter ist es, wenn der Mensch dem Schutzpatron etwas entgegenkommt. Ein Schutzpatron kann von seinem Schützling in sehr schwierige Situationen gebracht werden. Es ist eine ungeheure Zumutung, wenn sich der Schützling laufend mit Verbrechern abgibt oder atheistische Kreise aufsucht oder sich immer wieder mit negativen Dingen abgibt. Aber es gibt viele Schützlinge, an denen der Schutzpatron seine Freude hat. Die Menschen haben keine Ahnung, daß sie ständig begleitet werden. Ohne diese unsichtbare Begleitung wäre der Mensch verlo-

ren. Niedere Wesenheiten und unglückliche Umstände wie Krankheiten würden den Menschen vorzeitig sterben lassen. Durch den persönlichen Schutzpatron erfahrt ihr Gottes Gnade. Zeigt euch dessen würdig.

Wird die erfüllte Aufgabe eines Schutzpatrons belohnt?
Die Belohnung besteht in einem Aufstieg in höhere Sphären, die ihm neue Möglichkeiten bieten. Die Glückseligkeit findet man nur durch die Befriedigung, eine schwere, aber nützliche Aufgabe erfüllt zu haben. Wenn aber der Schutzpatron für seine Aufgabe zu schwach ist, so löst man ihn ab. Es fällt auf, wer einen guten oder einen labilen Schutzpatron hat. Aber jeder muß von sich aus etwas tun, damit er einen guten Schutzpatron bekommt. Entscheidend sind dabei die Charakteranlagen eines Schützlings. Das Ganze ist komplizierter als ihr glaubt. Um ein Schutzpatron zu werden, dafür gibt es keinen Zwang. Diese Aufgabe wird freiwillig übernommen, weil man weiter vorwärts beziehungsweise aufwärts kommen möchte.

Aus welchen Hauptteilen besteht der Mensch?
Wenn es sich um die Hauptteile eines Menschen handelt, so besteht er aus einer Vierheit: Der unsterblichen Seele, dem Astralleib, dem materielle Körper und dem angekoppelten Schutzgeist. Dieser ist magnetisch und telepathisch mit dem Menschen verbunden. Doch der freie Wille des Menschen ist unantastbar.

Abschließende Übung

Ich gebe euch eine kleine Übung: Stellt euch vor, ihr hättet Grund, euch auf etwas zu freuen und steigert diese Freude immer weiter. Wenn euch nichts einfällt, dann stellt euch vor, daß wir da sind und euch helfen wollen. Probiert es einmal vor dem Einschlafen aus. Es wird zwar nicht leicht sein. Nach einiger Übung wird es euch gelingen, denn wir werden euch stets dabei helfen. Wichtig ist die Freude und Zufriedenheit, denn das sind wertvolle Heilfaktoren. Versucht immer daran zu denken, ihr hättet allen Grund, euch zu freuen. Oder denkt daran, daß wir es so gut mit euch meinen, daß wir euch wahrnehmen und um euch sein können, daß wir eure Nöte und Wünsche kennen. Wichtig dabei ist, daß tatsächlich ein Gefühl der Freude in euch aufkommt, sei es auch nur für wenige Minuten. Wenn dieses Gefühl bei euch aufkommt, ist es für uns leichter, auf euch einzuwirken. Dann kann es geschehen, daß wie ein Blitz aus heiterem Himmel ein wunderschönes Glücksgefühl in euch aufsteigt. Erst einmal. Gelingt es euch öfter, dann ist die Verbindung zwischen euch und uns sehr gut. Ihr werdet euch über diesen Kontakt mit uns freuen.

Über den BERGKRISTALL Verlag erhalten Sie auch:

Friede über alle Grenzen!

'Nicht von dieser Erde' und weitere 13 Broschüren

Die Original-Durchgaben aus den Jahren von 1956-1975
Übermittelt von Ashtar Sheran im Medialen Friedenskreis Berlin
Textauszug:
„Die Unwissenheit aller verantwortlichen Menschen auf dieser Terra ist für unsere Begriffe unfaßbar. Wir stehen vor einem unbegreiflichen Phänomen einer einzigartigen Geistlosigkeit. Eure Wissenschaft versteht unter dem Leben den beweglichen Zustand eines Körpers. Da es aber die Bewegung der Atome gibt, so seid ihr heute der Auffassung, daß das organische Leben ein Zustand ist, der mit dem Stoffwechsel zusammenfällt. Euer Irrtum lautet: Das Leben ist mit dem Stoffwechsel untrennbar verbunden. Wenn der Stoffwechsel aufhört, hört auch das Leben auf.

Statt einer einzigen wahren Religionsgemeinschaft gibt es auf eurer Erde mehr als zweihundert. Jede davon ist fanatisch gegen die andere und glaubt, der Wahrheit letzte Schlußfolgerung zu besitzen. Doch der Weisheit allerletzte Schlußfolgerung ist: Ihr habt von Gott und seiner Schöpfung überhaupt keine rechte Ahnung. Was euch an Wahrheit aus außerirdischer Quelle gegeben worden ist, wurde größtenteils vernichtet. Was davon übriggeblieben ist, wurde gefälscht oder arg entstellt. Kein Volk der Terra soll sich einbilden, besser zu sein als das andere. Gut und Böse sind auf alle Völker, auf alle Staaten verteilt. Keine Rasse hat Anspruch auf besondere Anerkennung. Ihr alle seid noch in der Entwicklung, und ihr befindet euch in einer gefährlichen Entwicklungskrise, die euch deutlich vor Augen führen müßte, wie wenig euer Leben wert ist, wenn ihr nicht einmal wißt, was das Leben wirklich bedeutet."

14 Broschüren, ca. 500 Seiten
DM 39,80 ab 01.01.2002 € 22,90 ISBN 3-935422-00-8

Über den BERGKRISTALL Verlag erhalten Sie auch die Bücher von Hermann Ilg:

Aus dem Wissen eines neuen Zeitalters

Neben einer interssanten Beschreibung unseres Planetensystems gibt es Antworten der Geistigen Welt zum Seti-Programm, zur Offenbarung des Johannes, zur Dematerialisation und vielen anderen brennenden Themen.
ISBN 3-935422-52-0
108 Seiten, DM 19,80
ab 01.01.2002 € 10,90

Am Ende der Zeit

Eine Schilderung irdischer Katastrophen wie Abholzung der Regenwälder und Zerstörung der Ozonschicht mit dazugehörigen Erklärungen der Geistigen Welt und der Santiner.
ISBN 3-935422-53-9
52 Seiten, DM 9,80
ab 01.01.2002 € 4,90

Leben in universeller Schau

Wie leben die Santiner? Wie sieh es aus auf ihrem Heimatplaneten Metharia Wie siehr eine Raumstation von innen aus? Auf diese und viele andere Fragen gibt dieses Buch ausreichend Informationen und zeigt uns Erdenmenschen unsere Primitivität.
ISBN 3-935422-51-2
128 Seiten, DM 19,80
ab 01.01.2002 € 10,90

Kümmert sich eine ausserirdische Menschheit um uns?

Diese Broschüre entstand aus einem Vortrag, der 1968 zum ersten Mal gehalten wurde, und hat bis jetzt an Aktualität nichts verloren - im Gegenteil!
ISBN 3-935422-50-4
48 Seiten, DM 9,80
ab 01.01.2002 € 4,90

Bewußtsein und Weltbild

Eine kritische Betrachtung an der Schwelle zum Weltraumabenteuer der Menschheit

ISBN 3-935422-56-3

24 Seiten, DM 6,80

ab 01.01.2002 € 3,90

Die Gedankenbrücke

Interessante und ergreifende Berichte zweier Freunde des Verfassers aus dem Jenseits.

ISBN 3-935422-54-7

92 Seiten, DM 17,80

ab 01.01.2002 € 9,90

Strömende Stille

Wunderschöne Gedichte über Gott und seine Schöpfung

ISBN 3-935422-55-5

76 Seiten, DM 14,80

ab 01.01.2002 € 7,90

ET in ancient Egypt

Englische Ausgabe des Buches „Die Bauten der Außerirdischen in Ägypten".

Aus welcher Zeit stammen die Pyramiden ? Und wer baute sie wirklich?

ISBN 3-935422-57-1

124 Seiten, DM 27,80

Ab 01.01.2001 € 14,90

Bald eine Neuauflage folgender Bücher:

In Kosmischen Bahnen denken
Wenn die Not am Größten
Die Bauten der Außerirdischen in Ägypten

Bisher im Bergkristall Verlag erschienen:

Das Vermächtnis des Medialen Friedeskreises Berlin

Band 1: Jesus Christus

War Jesus Christus die Inkarnation Gottes?
Was hat er bis zu seinem 28. Lebensjahr gemacht?
Ist er für die Menschheit gestorben und hat all unsere Sünden auf sich genommen?

Wahrheiten über die eigentliche Mission der größten Seele, die je auf diesem Planeten gelebt hat.

Buchauszug:
Wie beurteilst du Jesus Christus aus deiner Perspektive?
Christus ist der letzte der Propheten oder Lehrer, die in eure Welt kamen. In ihm hat sich die Fülle der Macht des Geistes in einer Form manifestiert, wie es nie zuvor und nicht mehr danach geschah. Weder seine Geburt noch sein Tod ist mit einem Geheimnis verbunden. Er war ein Mensch wie jeder andere. Er kam auf eure Erde und verließ diese wieder in Übereinstimmung mit den natürlichen Gesetzen des Großen Geistes. Weder vor seiner Zeit noch nach dieser wurde ein derartig hohes Maß an Inspiration in eurer Welt empfangen. Er kam, um eine Aufgabe zu erfüllen, um gewisse fundamentale Wahrheiten zu lehren, die verfälscht, vernachlässigt und unter dem Schutt von Glaubenssätzen, Ritualen, Zeremonien, Mythen und Fabeln begraben waren.

(Hrsg.) Fieber, Reinmöller, Richter
ISBN 3-935422-01-6
80 Seiten, DM 19,80
ab 01.01.2002 € 10,90

Band 2: Das Sterben

Was geschieht im Augenblick des Todes?
Was geschieht mit den Seelen nach Unfällen, Explosionen oder Selbstmord?
Wie wirkt sich die Trauer der Hinterbliebenen auf das Befinden der 'Verstorbenen' aus?

Auf Fragen wie diese erhält der Leser leicht verständliche Antworten. Der Tod stellt hier keine Bedrohung oder gar Bestrafung dar, sondern eine Geburt in eine feinstofflichere Welt.

Buchauszug:
Was ist grundsätzlich über den Tod zu sagen?
Legt alle Ungewissheit beiseite, denn der Tod ist nur eine Änderung eures Zustandes. Aber er läßt euch alles, was ihr geistig erworben habt, was geistig existiert, das heißt alle Erfahrungen, Erinnerungen, alle Sinneswahrnehmungen, euer Denkvermögen, eure Sprache, eure Individualität. Nur euer Körper verliert alle Schwere und alle materiellen Nachteile. Im übrigen bleibt euch auch euer Körper, aber er ist dann nur ein anderer Stoff, den ihr zwar schon immer hattet. Im anderen Dasein gibt es andere Gesetze, und diesen müßt ihr euch fügen. Es gibt keine Ausnahme. Die Macht des Großen Planders ist im Reiche des totalen Geistes unvor-stellbar größer als im Reich der Materie, des erstarrten Lichtes. Darum lebt auf, aber tut es richtig!

(Hrsg.) Fieber, Reinmöller, Richter
ISBN 3-935422-02-4
160 Seiten, DM 27,80
ab 01.01.2002 € 14,90

Band 3: Die Stimme Gottes

Hier teilt uns ein hohes Geistwesen stellvertretend für die göttliche Sphäre mit, wie die Zu- und Umstände hier auf unserem Planeten von der höchsten Warte aus beurteilt werden.
Die Politik, die Kirche und die Gesellschaft werden in einer für jeden verständlichen Art unter die Lupe genommen und die Probleme beim Namen genannt. Auch Lösungsvorschläge fehlen in diesem Buch nicht.

Buchauszug:
Wann endlich wird sich meine Kirche zu den Tatsachen bekennen, die ich euch täglich sichtbar vor Augen führe? Ich schicke euch meine Engel und ihr verleugnet sie. Ich sandte euch meinen Sohn und ihr habt ihn getötet. Ich gab euch klare Lehren, doch ihr habt sie geändert. Ich gab euch die Gewißheit vom ewigen Leben, doch ihr wollt sie gar nicht und sucht den ewigen Tod. Ich gab euch eine Heimat auf dieser Erde, doch ihr zerstört sie. Ich gab euch meine Liebe, doch ihr antwortet mit Haß!

(Hrsg.) Fieber, Reinmöller, Richter
ISBN 3-935422-03-2
64 Seiten, DM 17,80
ab 01.01.2002 € 9,90

Band 4: Die Mediale Arbeit

Was ist Medialität?
Welche Voraussetzungen müssen für die mediale Arbeit gegeben sein?
Welche Gefahren gibt es im Verkehr mit der Geisterwelt Gottes?

Dieses Buch klärt auf! Es warnt vor allem vor Leichtsinnigkeit und zeigt, wie man gute und schlechte Kontakte und Medien zu unterscheiden vermag.

Buchauszug:
Auf dem Gebiet der Geisteswissenschaft gibt es sehr viele unglaubwürdige Berichte. Wie erkennt man nun, welche Zirkel autorisiert ist beziehungsweise echte Botschaften empfängt?
Ihr erkennt doch auch, ob ich einmal Spaß mache, oder ob ich es ernst meine. Es liegt immer an der Zirkelführung und am Medium, denn Schulung ist die Grundbedingung. Durch Geltungssucht und Anmaßung wird jeder Zirkel und jedes Medium ein Opfer niedriger, unsauberer Geister. Ein autorisiertes Medium muß, was die mediale Arbeit betrifft, vor allem gehorchen lernen, denn es darf niemals eine eigene Meinung haben. Ein solches Medium darf unter keinen Umständen allein arbeiten! Eine gute Zirkelleitung muß es führen und ständig kontrollieren!

(Hrsg.) Fieber, Reinmöller, Richter
ISBN 3-935422-04-0
176 Seiten, DM 29,80
ab 01.01.2002 € 15,90

Buch 5: Der Schöpfer - Der Widersacher

Wer oder was ist der Schöpfer?
Warum läßt Gott so viel Leid zu?
Gibt es einen Widersacher?

In diesem Buch finden Sie Erklärungen für den Bereich, für den wir uns laut Bibel kein Bild machen sollen. Trotzdem hat sich die Geistige Welt für uns Forscher und Suchende die Mühe gemacht, Antworten, die für uns verständlich sind, zu finden.
Ein Buch der Extra-Klasse auf diesem Forschungsgebiet!

Buchauszug:
Was seht ihr als Beweis für die Existenz Gottes an?
Erstens unsere eigene Existenz. Wenn wir geistig leben, so ist es doch wohl selbstverständlich, daß Gott auf die gleiche oder ähnliche Weise existiert. Wenn man aber auf Erden nicht einmal an unsere Existenz glaubt, so ist es nicht verwunderlich, daß man auch an der Existenz Gottes zweifelt. 'Wenn es keine Geister gibt, so gibt es auch keinen Geist Gottes!', so denkt man leichtfertig auf Erden. Aber wir kommen mit Engeln in Berührung, und das ist doch ein sehr schöner Beweis für uns.

(Hrsg.) Fieber, Reinmöller, Richter
ISBN 3-935422-05-9
176 Seiten, DM 29,80
ab 01.01.2002 € 15,90